体育运动训练理论与探索

徐子奇　于　洋　孙素海 ◎ 主编

河北大学出版社
·保定·

多种文化为对象，对受教者进行教育，以期让受教者获得这种文化的活动。其中的教学者是掌握某种知识或技能的人，他与接受教育的人共同构成教学的主体。

从微观意义上讲，教学是一种直观的教师进行教授和学生进行学习的活动。在这个活动中，教师是教学的引导者，是教学活动的组织者和知识传授者；学生是教学的“受众”和主体。简而言之，教学是一种以特定文化为对象的“教”与“学”的活动。

综上所述，教学是一种教育活动，这种活动需要教师和学生共同参与，并且为了实现某一具体的教学目标而相互协作。

（二）体育教学的概念分析

1. 体育教学是一门学科

体育教学包括体育教学目标、教学内容、教学评价等内容。体育教学是一种特殊的教学课程，它以发展学生体能、增进学生身心健康为主要目标，配合德、智、美、劳进行教学，促进学生身心全面发展。体育教学最重要的教学组织形式是课程教学，作为一门较为特殊的课程教学，体育课程教学的目的是促进学生在德、智、美三方面全面发展的同时，提高学生的身体素质、保证学生的身心健康，确保教学目标的顺利实现。体育课程教学更侧重于体育运动知识与技能的学习与掌握，但在学生对体验和参与体育运动的认识、情感和社会适应等方面没有给予充分的关注。

2. 体育教学是教育的组成部分

体育教学是在教师的指导下，从生物学、教育学、心理学、社会学、哲学等学科中获得知识，在体育与健康方面有计划、有目的、有组织地进行以身体锻炼为载体的活动，并且与德、智、美、劳等教育课程相配合，共同促进学生身心全面发展。它既是培养学生运动能力的教育，又能促进学生身心发展，是素质教育的主要内容之一。

3. 体育教学是活动

体育教学主要是有目的、有计划、有组织的相关体育活动的组合。有学者提出，现代体育教学是为了使学生能在身体、运动认识、运动技能、情感和社会适应能力方面和谐发展的有计划、有组织的活动。体育教学不仅要求学生把理论知识背熟，还要求学生在参与运动技能训练的过程中，掌握一定的技能，达到一定的标准，获得一定的知识与技能的积累。

（三）体育教学的构成要素

体育教学既不是完全的游戏和娱乐活动，也不是一种随意的教学活动，它由多种要素共同组成，才得以正常、合理、科学地开展。一般来说，体育教学的构成要素主要包括以下几个方面：

1. 教师

体育教师是体育教学活动的组织者、指导者，同时也是知识的传授者。如果没有体育教师的参与，体育教学就不会存在。在体育教学中，体育教师既是课程设计的参与者，同时也是课程教学的实施者。因此，体育教师是体育教学中的主导因素。

2. 学生

学生是体育教学中的受教育者，是体育教学的主要对象。在体育教学中，学生是最为活跃的因素，是主体因素。

3. 教学环境

教学环境是指开展体育教学活动所需要的硬件和软件条件的综合。就体育教学而言，良好的体育教学环境发挥着非常重要的作用。如果缺少良好的体育教学环境，整个体育教学质量就会受到很大的影响，甚至会对体育教学的顺利开展产生非常严重的影响。

4. 教学目标

教学目标是体育教师组织开展体育教学的根本依据。如果体育教学中缺少教学目标，后续的工作就无法正常开展。体育教学目标涉及多个方面和多个层次，是体育教学中的定向因素和评价因素。

5. 教学内容

体育教学内容主要是由内容实体（体育课程）和内容的载体（体育教

材）共同组成的。体育教学内容是体育教师根据体育学科的体系、学生的需求和社会的需要选编出来的。如果缺少了体育教学内容，体育教学就显得非常空洞。

6. 教学过程

教学过程是体育教学中的核心要素。如果缺少这一要素，体育教学就无法得到时间、空间和程序上的支撑，更无法进行体育教学的组织和管理。

7. 教学方法

在体育教学中，体育教学方法与体育教师、学生和体育教学目标等要素有着非常密切的联系，是体育教师根据体育教学目标和学生的实际情况选择的有效的教学手段和技术，其中包含促进学生理解教学内容中的各种信息及其传递方式。

8. 教学评价

体育教学评价与体育教学目标、体育教师等要素之间有着密切的联系，是体育教师根据具体的教学目标制定的各种考核和评价指标，既包括体育教学情况，也包括学生的学习情况。

二、体育教学目标

体育教学目标是指在学生实际参加的有关体育内容的教学情境中，对其最终学习成果的预期。体育教学目标是由体育教师制定的，具有较强的灵活性和实用性，并且为具体的体育教与学活动提供依据。除此之外，它还是对具体教学过程和丰富教学活动的定向。

体育教学目标可被分为阶段性目标和最终目标。其中，阶段性目标是指体育教学各个阶段的目标，阶段性目标的总和就是最终目标，即体育教学的总目标。

（一）体育教学目标的特性

体育教学目标的特性主要表现在以下两个方面：

1. 预见性和挫折性

首先需要说明的是，体育教学目标并不是自确立之日起在很短的时间内可以达到的。也就是说，它并不是已经实现的目标。体育教学目标对体育教师和学生共同完成体育教学活动有着很大的指导和激励作用，是一种对体育教学活动结果的预见与期待。另外，学校体育教学还具有一定的挫折性，因为体育教学目标不是已经存在的现实，所以在实现的过程中会遇到许多不在预期之内的问题和困难，会给最终要实现的教学目标带来巨大的阻碍。要达成目标是需要付出努力的，甚至经过非常艰辛的努力才能实现的。

2. 方向性和终结性

学校体育教学目标能够反映特定的价值取向，这也说明了它带有明确的方向性。在实际的学校体育教学中，这个方向性是非常直观、明确地展现在体育教学主体面前的，如他们应走向哪里、走到什么地方等。而体育教学目标的终结性不是体育教学的终止，体育教学目标的完成意味着下一个更高更强的体育目标的建立和开始，这个“终结点”只是整个体育过程的互相联系的一个一个的“歇脚点”。

（二）体育教学目标的功能

体育教学目标的功能主要表现在以下三个方面：

1. 体育教学目标是选择教学内容与方法的重要依据

体育教学中包括的内容较为广泛，除最为常见的体育运动项目和技能外，还会学习一些与保健相关的知识和技能。而正确合理的体育教学目标可以界定体育教学内容的范围，对教学内容的选择起到导向作用，并且对其作出最有价值的判断。另外，对于相应的教学内容选择对应的教学方法也是要以体育教学目标为依据的。

2. 体育教学目标是组织教学活动的重要依据

体育教学目标的高低决定了体育教学活动组织的严谨程度和方法。它会对体育教学内容的结构和组织形式产生影响，指导体育教学的具体实施。

例如，较低的体育教学目标（体育教学的子目标）可以轻易完成，所以在对其相关内容进行教学时可以组织得相对轻松一些；对待较高的目标则需要严谨、紧张、细致的教学组织。

3. 体育教学目标是教学评价的重要依据

对于体育教学的结果要进行系统、客观的评价，以此获得有效数据和结论并反馈给体育教学管理部门。此后，相关部门会根据这些评价调整体育教学中的各种指标，促进教学水平的改进及与学生的适配性。总的来看，学校体育教学目标是评价体育教学价值和效果的主要依据，是进行体育教学评价的基本标准。由此可知，体育教学目标为学校体育教学评价提供了依据。

（三）体育教学目标制定的依据

1. 以人体的发育规律为依据

从我国体育教学的现状来看，受教育对象的人体发育规律对教学的影响非常重要。人体发育有几个敏感期，这些敏感期对人的体育素质的培养有着非常重要的作用，抓住这几个敏感期进行体育教学可以达到事半功倍的效果。根据近几年的调查研究发现，按照我国国民的个体发育规律，各项素质发展的最高峰主要集中在学生时期，特别是大学时期。体育教学可以充分满足大学生的身心发展需求。在高校期间，学校要制订更加系统、合理、科学的体育教学计划，此阶段的教学最有可能让学生终身受益。这也是体育教学的根本目标。

2. 以个体参与体育运动的兴趣和能力为依据

体育教学要想取得最佳的教学效果，就必须吸引学生的关注力，提高学生参与体育运动的兴趣。要想提高学生的学习兴趣，就要根据学生生理、心理和智力特点，将体育运动的趣味性、目的性、对抗性等相结合，使学生由浅入深、由易到难地逐渐掌握体育运动知识，从而获得参与体育运动的基本能力。此外，教师还要注重学生对体育运动的兴趣，提高欣赏体育运动及参与运动的能力，使其成为学生终生的爱好。

3. 以促进个体综合素质的全面发展目标为依据

体育运动不仅要提高学生的运动技能，还要发展学生的综合素质。在德育方面，一些体育运动项目要求学生克服内在和外在的双重障碍，培养学生坚定的意志和顽强的毅力，无论遇到怎样的困难，都要遵循道德规范和准则，努力实现自己的目标。在智育方面，体育运动中的很多项目都要求运动者具有高速判断、分析、思维、想象的能力，让运动者智力得到良好的开发。在美育方面，体育本身就是健康美、形体美的代名词，无时无刻不在培养学生对美的感受能力、鉴赏能力、表现能力及创造能力。因此，在制定教学目标时，要考虑选择合理的教学内容，使学生综合素质得到全面发展。

（四）体育教学目标的制定

1. 体育教学目标制定的步骤

（1）对体育教学对象进行分析。学生的学习需求是指学习者学习成绩、学习态度等的现状与体育教学目标之间的差距。学习者的能力和条件是指学生在体能、运动技能、体育知识等方面已经具备的能力和条件。通过对学生的学习需求与能力条件进行认真分析，才有可能设置合理有效的体育教学目标。

（2）对体育教学内容进行分析。在制定体育教学目标时，要认真分析体育教学内容的特点与功能。这是因为制定具体的体育教学目标终究离不开具体的体育教学内容。教学内容的不同自然造成了不同的体育教学特点与功能。

（3）编制体育教学目标。在分析完体育教学内容后，就要着手制定体育教学目标了。体育教学目标是指导体育教学活动设计、实施和评价的基本依据，它通常在“单元”或“课”的教学计划中按照课程的水平目标予以细化。

2. 体育教学目标细化

体育教学目标主要包括以下四个方面的要素：

（1）明确目标的行为主体。体育教学目标注重学生学习产生的变化和结果，而不应是像以往那样单纯以教师的“教”为行为主体的过程。现代包括未来的教学都要以学生作为行为主体。因此，对于体育教学目标的陈述也就要注意突出体现这一趋势。

（2）准确使用行为动词。体育教学目标应采用行为动词描述体验性目标和结果性目标，以区分学习结果的层次性。

（3）规定学习条件。在体育教学目标的陈述中，注意将教学条件一一描述出来。体育教学设计的准备工作和体育资源较多，这些都是体育教学中不可或缺的内容。就教学条件来讲，一般包括情景、环境和信息三大条件。

（4）说明预期效果。体育教学目标的陈述中必须有经过教学活动后预期达到的效果。另外，在对预期效果进行描述时要以学生为主体，而且语言通常为肯定句。

3. 体育教学目标制定的要求

（1）连续性。体育教学目标是通过若干年级目标、单元目标、课时目标的实现最后得以实现的，在不同年级、同一年级前后、不同单元等之间既有一定的独立性，又有相互联系与影响。因此，制定体育教学目标，无论是年级、单元还是课时之间，都要注意相互之间的连续性。

（2）层次性。无论是体育情感目标、认知目标、运动技能目标还是增强体能目标本身，都有一个从低到高的层次。各领域目标之中也都有从低到高的层次。

（3）可操作性。体育教学目标的制定应具体、明确、便于操作，有利于给予体育教学活动的过程清楚的导向，并且目标制定得还要便于最终对教学效果的评价；体育教学目标的制定应尽量有利于测量和评价。

4. 制定体育教学目标需要注意的事项

（1）应具有教育价值。制定的体育教学目标要具有教育价值，在实际的体育教学中，有些体育教师过于强调目标分解和细节，结果制定了一些体育价值并不大，甚至没有价值的目标，这极大地影响了体育教学效果。

（2）应与体育课程目标相关。学校体育课程目标是体育教学目标的上位目标，每一个下位目标都必须与上位目标有机衔接，并且与之相一致。

（3）应与学生实际情况相适应。学生的需求、能力、条件等的实际情况是制定体育教学目标的前提与基础，只有体育教学目标与学生实际情况相适应，这个目标才称得上是合理的目标，学生在追求这个目标的过程中才能取得相应的进步和增加对体育运动的兴趣。

（4）目标描述应准确直白。只有当学校体育课程教学实施的人能像目标制定者那样理解其中要实现的效果时，目标才能成为有效的目标。

（5）应找到学生与内容的结合点。在制定体育教学目标时，必须考虑体育教学的对象和教学内容两个因素。要使目标符合学生的实际，必须认真考虑学生的需要及要达到的学习结果。

（6）体育教学目标应注意及时调整。无论体育教师考虑得多么周密，将体育教学目标制定得多么明确具体，其体育教学过程都不是一成不变的。体育教学要根据实际情况及时调整既定目标。

（五）体育教学目标的实现途径

体育与健康课、课外体育活动与其他体育健身活动等的内容是高校体育教学工作的主要内容，同时也是体育教学目标实现的基本方法。

1. 体育与健康课

体育与健康课是必修课，是以教育部制订的教学计划为依据开设的。体育与健康课是系统地对学生进行体育教育的课程。高校体育教学的基本组织形式也是体育与健康课。体育与健康课具有以下三个基本特征：

（1）体育与健康课的课程标准是有一定规定的，授课的班级也是相对固定的。

（2）体育教师是专业的，场地、设备与器材也有较好的保障。

（3）体育与健康课有规定的考评，学生毕业与升学都要进行体育与健康课的测试。

2. 课外体育活动

我国高校体育教学目标得以实现的重要组织形式之一是课外体育活动。课间操、体育锻炼、早操、课外体育训练、课余体育竞赛及在校外举行的郊游（夏令营、冬令营）等，是课外体育活动的重要形式。课外体育活动具有以下四个方面的意义：

（1）课外体育活动能够提高学生学习体育知识和技能的积极性和主动性。

（2）有利于学生运动能力的提高，对学生自觉锻炼身体的意识和习惯具有积极的培养作用。

（3）有利于学生体质的增强，能够发展学生的体育兴趣与爱好。

（4）学生的课余体育生活能够得到丰富，学习和生活质量等也会有所提高。

3. 其他体育健身活动

其他体育健身活动是指在高校教育的各个环节中开展的有利于增进学生健康、增强学生体质的活动。这些健身活动也是实现体育教学目标的主要途径。

第二节　体育教学的特点与功能

一、体育教学的特点

体育教学与其他学科的教学存在着共性，同时又有自身的特性。体育教学与其他学科教学的共性主要体现在三个方面。首先，体育教学与其他学科教学的目的都是传授某种知识或技能。其次，体育教学和其他学科的教学都属于教师与学生的双边活动。教师与学生在教学活动中会有各种形式的交流，如语言上的交流和肢体动作的交流等。以前这种交流更多的是从教师到学生（教师传授学生某种知识和技能），现在的教学要求教师开始注重使这种交流转向从学生到教师。最后，体育教学和其他学科的教学均是以班级为单位开展的教学活动，在实际的教学过程中，班级教学的组成方式会根据需要有所不同，如学生入学时组成的自然班或根据学生的不同兴趣组成的单项班等。这里重点对体育教学区别于其他学科教学的特点进行分析与阐述。

（一）教学环境的开放性

一般学科的教学主要是在室内，而体育教学场所多为室外。目前，我国各级院校的体育教学多以体育实践课为主，体育教师组织的大多数体育课主要在学校操场进行。与其他学科主要是在封闭的教室、实验室等中开展教学活动不同，体育教学的教学空间富有变化性，环境更加开放，即体育教学环境具有开放性的特点。

体育教学环境的开放性决定了体育教学具有不同于室内教学的特殊要求，开展教学活动应注意这样几点：首先，室外活动受干扰因素多，如天气、地形、周边设施与噪声等，体育教学的组织管理工作比较复杂，需要精心设计与统筹安排体育教学的组织形式、教学步骤与方法，以保证室外体育活动正常、有序地开展。其次，室外的体育教学是动态的，在大部分的教学时间中，学生都处在不断变化与形式多样的运动中，而且班级内学生较多，教师可采取分组教学。最后，由于一些学校的体育基础设施条件较差，体育教师应重视和加强学生的安全教育。

（二）教学过程的直观性

体育教学以身体练习为主，身体是教学的主要载体，所以其教学过程拥有直观性的特点。这种直观性主要体现在讲解、示范和教学组织管理三个方面。

1. 教学内容讲解的直观性

在体育教学过程中，教师的讲解必须生动、形象，具有强烈的画面感。具体来说，教师对体育教学内容的讲解不仅要达到与其他学科教师讲解同样的要求，还要求体育教师的语言更加生动，并且富有一定的肢体表现能力，以使学生产生形象、贴切、有趣的感觉。尤其是在某些拥有较难技术动作的体育运动教学中，教师不仅要对体育教学重点进行详细描述，还要用生动、形象的语言把复杂的技术动作进行简单化讲解，做到深入浅出，以便于学生理解和掌握。

2. 动作技能示范的直观性

在体育教学过程中，每一项体育项目的教学都涉及技术动作或战术配合，为了加深学生的理解和认识，教师有必要进行动作示范和实践演示。在运用示范法时，教师需要作出非常直观形象的动作示范，其中包括正确动作的演示和错误动作的演示。这些演示都是被非常直观地展现在学生眼前的，不能有任何的艺术加工和变形，这样才会使学生从感官上直接感知动作的正确与错误，以利于他们建立正确的、清晰的运动表象。当学生在脑海里形成正确的动作表象后，再配合教师的讲解，使之与思维结合起来，从而掌握体育知识、体育技能，改善身体素质，提高运动水平。

3. 教学组织与管理的直观性

相较于一般学科的教学，体育教学中教师与学生接触更多，关系更融洽，对学生的组织与管理也带有直观性，如更加富有责任心、更具有活力，身体力行，这对学生的身心也是一种无形的教育。对学生的组织与管理有助于教师对学生的观察与帮助，把控教学过程，也能为学生创造轻松的教学环境，使学生在教学中表现的言行都是他们最真实的一面，有利于体育教师获得正确的教学反馈并及时修正教学过程。

（三）教学内容的情感性

体育教学内容是非常丰富的，它涉及多种与体育相关的内容，通过对体育运动项目知识、技能及相关内容的学习，学生可以普遍体会源自体育的丰富情感。在体育教学中，学生丰富的情感体验主要表现在以下三个方面：

1. 体育教学内容的运动美

在体育教学过程中，师生可以体会只有体育才能赋予人的人体美和运动美。一方面，学生通过接受体育教学，掌握体育健身的方法和技能，达到运动塑身的效果，使身体外在形态保持优美的线条和良好的身材比例；另一方面，学生通过对不同运动的学习，可以认识人体不同的动作展现的动作美和肌肉的动态美，这种美只有在运动中才能看到，是一种外显的美。

2. 体育教学内容的精神美

在体育教学中，学习运动项目、了解运动知识能使学生真正领悟体育精神。学生通过参与体育活动，可以陶冶情操、平衡心态，如学生在关键时刻始终保持冷静的心态，或者在胜利时表现谦虚等。而每一项运动都向人们展示了不同的美的特点和审美特征，如球类运动可以表现个人对球类技术的掌握能力，集体球类项目中除了个人能力外，还包含了与队友之间的协作和互助精神。这些内容都是人类积累下来的丰富的体育内涵，而通过体育教学能促进学生感受体育的这种精神美，掌握体育的精髓。

3. 体育教学内容的创造美

体育教学是一种创造性的社会活动，其创造的成果就是让学生获得内在的顿悟和精神上的启迪。同时，体育教学沟通着学生与学生、教师与学生，对提高学生社会适应能力具有重要作用。此外，在体育教学中，学生通过体育教学中对美的感受，可以提高审美能力。既然有美的存在，就要有欣赏美的人和能够欣赏美、懂得如何欣赏美的能力。

（四）教学条件的制约性

体育教学内容丰富，涉及要素较多，因此也会受到多种因素和条件的影响，从而使体育教学会受到更多客观条件的制约，这是体育教学的重要特点之一。

体育教学活动受到的制约主要来自学生运动基础、学生其他基本情况（年龄、性别、生理和心理特点）及体育教学场地条件、器材、气候等，这些因素都会影响体育教学质量的高低。

1. 学生特点的制约

学生是体育教学的主体，是体育教学过程中体育知识与技能传授的受众，与学生有关的诸多情况会对体育教学本身造成一些影响。因此，体育教学要想进行得顺利，获得良好的教学效果，就要注重对学生的运动基础及体质强弱等实际情况的区别对待。这些差异具体如男生与女生不同的身体形态、机能水平、运动能力等。根据这些差异，学校体育教育部门和体育教师在进行教学设计、教材选择和教学组织等时就要考虑周全，否则就会影响教学目标和教学效果的实现。

2. 教学条件的制约

教学环境状况会直接影响体育教学效果。在体育教学中，体育教学环境是体育教学的重要载体，其质量的高低对体育教学会产生较大影响。例如，体育教学活动多在户外开展，面临的可能是严重的空气污染或邻近马路带来的噪声污染等问题，势必会影响体育教学主体在教学活动中的状态与情绪；天气对于室外体育教学的影响也是不能忽视的，如遇到雨、雪、大风等恶劣天气时，室外体育教学不得不停止，转而来到室内进行一些体育理论课的教学，长此以往，不利于体育教学目标的实现。

总之，体育教学受多种体育教学条件的制约，要想顺利开展体育教学活动，就要摆脱不利于体育教学的各种条件因素的影响，尽量将制约因素的影响程度降至最低。

（五）技能学习的重复性

在体育运动项目的技能学习中，重复练习是学生技能提高的重要基础。各级新的体育与健康课程标准指出，现代体育教学应促使学生完成运动参与，促进学生的身体健康、心理健康，并且提高学生的社会适应能力。体育教学最基本的目的是使学生掌握运动技能，而要达成这一体育教学目的，就必须重复学习运动技能。当然，这里所说的技能学习的重复性并非某一运动技能的“简单机械化重复”，而是同一运动技能学习的重复性。在这种重复的过程中，学生的运动技能是持续、螺旋式提高的。

具体来说，结合体育运动技能的形成具有阶段性和规律性进行分析，运动技能的形成大致分为四个阶段，即练习分解动作阶段、练习连贯动作阶段、独立完成连贯动作阶段和熟练完成连贯动作阶段。学生要想熟练掌握运动技能，需要经过长期的反复练习。无论是掌握篮、足、排球运动中的复杂技能，还是学习体操中的滚翻、田径中的跑等技能，学生都需要经历由不会到会、由简单初步学习到复杂深入学习、由不熟练到熟练的发展过程。

技能学习的重复性要求体育教师在体育教学过程中要严格遵守循序渐进的教学原则，逐步指导学生掌握各种运动技能，根据不同运动技能的特点，合理安排练习内容和时间，通过反复练习使学生逐步掌握、提高运动技能。

（六）身体活动的常态性

在体育教学中，学生需要不断重复学习体育运动技能，这也决定了学生在体育教学活动中要经常进行身体活动，即体育教学具有身体活动的常态性特点。在体育课堂教学过程中，教师与学生的身体操练非常频繁，这种几乎常态化的教学成为体育教学非常显著的特征。

体育教学要求学生掌握基本的运动技能，体育教学过程中很多对身体活动的要求是体育教学与其他学科教学的最大不同之处。几乎所有内容都涉及身体活动，或者是为即将到来的身体活动做准备的活动，是对作为“身体知识”的体育教学的最好诠释。在反复练习的过程中，对学生的机体产生一定的刺激，安排得当的生理负荷有利于发展学生的身体。

需要特别指出的是，体育教学身体活动的常态性特点不只针对学生，也包括教师，在体育教学过程中，不仅学生要进行具有一定运动负荷的运动，教师在做示范、做指导和参与组织教学中也需要付出不少体力。

（七）身心练习的统一性

身体与心理的发展具有密切的联系，现代科学研究发现，身体健康有助于改善心理健康，而心理健康与否也可以影响身体健康。因此，体育教学具有要求学生身心共修的特点。

体育教学重视对学生身体的改造，与此同时，它还强化学生的心理与多种适应能力的发展，而在其他学科的教学中却无法达到这样的效果，主要是因为体育教学营造了不同、积极的情境，使参与其中的人在潜移默化中受到感染。在体育教学中，学生的身心发展看似多元，实际上是一种身心统一的锻炼，即达到身体与心理的共同拓展，表现十足的统一性。身体发展是基础，心理发展是依赖，并且能促进身体发展。从这一方面来看，体育教学不仅可以促进学生掌握技能、发展身体、增强体质，而且有利于培养学生的思维方式和良好的心理品质，促进学生身心健康与协调发展。

体育教学中学生身心练习的统一性要求教师应做好以下教学工作：

其一，体育教学内容的选择应有助于学生的身心发展。体育教学内容的选择会影响体育教学效果，作为体育教学活动的依据，教师在选择时应慎重。为了使体育教学体现身心统一的特点，教师应针对学生的身心健康状况合理选择教学内容，所选教材的编排要符合该年龄段学生的心理特点，还要满足其美学、社会学等其他方面的要求，使学生通过体育教学中的知识学习、身体练习、情感体验而身心受益。

其二，体育教学方法的选用要符合学生的身心特点。与其他学科的教学相比，体育的教学方法更加丰富，便于体育教师结合体育教学实际合理选用教学方法。为了体现体育教学中学生身心练习的统一性，体育教师选择的教学方法应遵循与学生年龄段相适应的身心变化规律，选择正确的、适合学生身心发展的体育教学方法，才能有效地激发学生学习的积极性和兴趣，促进学生身体和心理的共同发展。

其三，体育运动负荷的安排应注重学生的身心承受能力。身体练习是学生获得技能的重要基础，在此过程中，学生还要经历各种心理体验。具体来说，在体育教学实践中，教学内容以身体练习为主，需要学生运用身体器官直接参与活动，不仅要承受一定的身体负荷，还要承受一定的心理负荷。学生在进行大负荷的身体练习时，要承受肌肉活动引起的疲劳与不适，体验不同的心理历程，磨炼思想意志，还要克服困难、团结一致、努力拼搏，感受失败和成功的心境。这种身心练习的统一性更有益于学生的身心健康发展。

（八）人际关系的多边性

教学是师生共同参与的双边互动过程，在体育教学中，人际交往占据重要位置，体育教学中的人际交往具有多边性的特征。现代体育教学的组织形式主要在单人、双人、小群体及全班之间不断转换，要求学生在不同的时空内完成不同的身体运动、不断地变换角色位置，彼此之间建立多种不同的联系。因此，在体育教学中，师生之间、生生之间、小群体之间具有频繁且形式多样的人际交往关系。

在体育教学过程中，人际关系的多边性要求体育教师在教学中注意三点：一是尊重学生，关注学生成长；二是运用多种方式与学生交流和沟通；三是鼓励与评判，教会学生在体育课堂中初步体会社会交往；四是引导学生相互之间进行配合，培养学生的合作意识，提高其人际交往能力。

二、体育教学的功能

（一）传播体育知识

知识是教学的基础性功能，体育教学也不例外。在体育教学过程中，体育教师承担着传播体育知识的重要责任。因此，体育教学具有传播体育知识的重要功能。体育教学主要是通过改造学生身体的手段来实施教学的，从教与学的角度来说，可以将体育知识形容成一种“身体知识”。这种知识最初伴随着人类的发展而发展，人类社会的每段时期都有相应的“身体知识”的传承，如在原始社会，身体知识就是人类通过走、跑、跳、投、打等动作捕获猎物或逃避猛兽等。而在现代社会中，体育知识的传承内容变成了某项体育运动（如篮球、体操）的基本知识或某些体育技能。

应该认识到，体育教学中对体育知识的传承不是简单的“身体知识”的模仿，更多的是通过体育教学向教学对象——学生传承体育文化，即体育教师通过体育教学内容向学生展现、传授与体育教学内容相关的文化。

（二）传授运动技能

科学研究表明，适当参加体育运动对人的身体素质的发展非常有益，而体育教学就成为传授这些运动技术的最好方式。体育教学中涉及的体育运动技能对于人体的要求不再像过去那样严格，主要是指如球类、武术、田径和游泳等运动技巧和方法。

就我国学校体育教学现状来看，体育教学活动的组织过程就是体育教师以体育教学内容为依据，对学生传授体育知识与相关技能的双向信息传送的过程。因此，运动技术就成为体育教学的主要内容，也是重要内容。具体来说，教师在体育课中传习的是各项具体运动技术，如足球运动中的传球技术，甚至可以细分到内脚背传球技术。因此，对于运动技能的训练，没有实践就无法学会。

体育教师是运动技术的掌握者和传播者，在向学生传授运动技术的过程中发挥着十分重要的作用。体育教师对运动技术的传授应从简单的、入门的、基础的入手，在此之后逐渐积累，由简到繁。运动技术不同于其他学科的学习，不仅需要学生对运动理论有深刻的了解，还要身体力行地参与技术练习，在无数次的重复中逐渐在脑海中和身体上建立对技术的表象反应，最终到熟悉动作及在下意识的情况下作出正确的动作，其整个教学过程是循序渐进的。

（三）传承体育文化

从某种意义上讲，体育教学真正的目的在于教会学生正确的体育运动方法，使其能在未来的生活中对身心产生持续的、良好的影响，体育教学也可被看作一种体育文化的传承，体育知识、运动技能的传授都是为体育文化的传承服务的。

从文化的发展角度来看，传承体育文化是一个长期的、系统的工程，要想真正实现体育教学传承体育文化的功能，就必须使学生通过不同阶段的体育教学学习到较为完整的运动知识、运动文化。其具体应从以下三个方面着手：

其一，保证单次体育课内容之间教学的连贯。可以把体育课中传习的各种小的运动技术累加起来，学生学到的是某个运动项目的完整技术，继续累加，就学到了各种运动技能。

其二，保证不同阶段体育教学的可持续发展。体育教学是由每周2—3次的体育课组合而成的一种贯穿全年的教学计划。其中，根据不同的教学周期可以分为课程教学、周教学、学期教学及学年教学，比学年教学周期更长的就是多年教学。在小学体育教学、初中体育教学、高中体育教学和高校体育教学中，应将这几个不同阶段的体育教学有机统一起来，以促进学生对体育文化全面系统地掌握和传承。

其三，重视发挥学生的主体作用。当前，人们对以人为本的教育教学理念的追求使人类自我知识的回归不仅代表了体育教学的特殊性，还赋予了体育教学知识传承的特殊意义。具体到体育教学中，要求教师在体育教学的开展和实施中重视学生的主体作用，因为学生才是体育文化的继承者和传承人，体育教学就是要发挥体育文化的传承功能，使体育文化能通过体育教学获得长久的传承，这也是现代教育强调以人为本的重要原因所在。

（四）体验运动乐趣

乐趣是体育的特质。一个运动项目从不会到熟练掌握，人们会产生一定的成就感和乐趣。运动中友伴之间的巧妙配合也能产生许多意想不到的乐趣。体验运动乐趣是人们从事身体运动和体育比赛的重要目的，让学生体验运动乐趣是体育教学的目的之一，也是体育教学功能的主要表现之一。

在学校体育教学中，教师应根据学生个性的、身体素质等的差异，让他们在掌握运动技能和进行身体锻炼的同时，体验运动的乐趣，使学生喜爱运动并养成参加运动的习惯。具体来说，教师需要做好以下三方面的工作：

1. 正确对待和理解运动乐趣问题

每一项成熟的体育运动项目都有其固有的乐趣，这些乐趣来自该运动项目所特有的运动过程和比赛特征。选入教材的运动项目或游戏也是如此，只不过有的运动项目乐趣明显，有的不太明显。教师应该结合教材、学生实际、教学目标及教学手段，深刻理解和运用运动乐趣。

2. 让学生不断获得成功的运动体验

很多时候，体育教学中的身体练习是枯燥的，很多学生经过自己的刻苦努力较好地掌握了运动技能，获得了极大的成就感，他们对运动乐趣的体验更强烈和深刻。因此，学校体育教师应该采用各种教法、手段，让每个学生都有机会获得成功的运动体验，从而提高学生参与运动的积极性和主动性。

3. 开发有利于学生体验运动乐趣的教学方法

在体育教学中，教师要善于采用多种方法帮助学生体验运动乐趣。例如，采用挑战性练习法、游戏法、让位比赛法、分组总分比赛法等教学方法，通过情节化、游戏化、竞赛化、简单化、生活化等多种手法，让学生能够充分地、平等地体验体育运动中的各种乐趣。

（五）强健身体素质

体育运动的健身功能是客观存在的，增强人民体质是发展体育运动的本质属性。经过长期的改革与实践，现代高校体育课程在规划设计教学大纲、选择教材内容、安排课时、实施教学组织等方面已逐渐合理化和科学化。

当前，促进学生身体的发展，实现体育教学的健身功能是我国学校体育教学的根本目标。实现这一目标，需要教师做好以下三点：

1. 重视健康教育

教师应根据体育教学的规律特点，将各种行之有效的健身内容、方法与手段（健身的、竞技的、娱乐的、保健的等）应用到体育教学中，有机协调并统一体育教学的教育性、健身性、竞技性和娱乐性等特征，从而提高体育教学质量，促进学生积极参与体育运动，科学地进行体育锻炼，进而取得强身健体的效果。

2. 合理安排负荷

运动有助于健康，但是应注意将运动控制在科学的范围之内。为保证学生身体的健康，体育教师应酌情掌控运动负荷强度。学生亲身参与体育运动实践在体育教学活动中是必不可少的，而既然参与运动实践，就必然会使身体承受一定量的运动负荷。合理的运动负荷对发展学生身体素质有极大的帮助，对学生的机体或多或少会产生一定的刺激与影响，其影响的程度要视运动项目的内容、学生身体素质、持续运动的时间、运动间隙时间、营养补充等状态而定。只有适应学生身体发展状况的身体活动量，才能取得良好的教学效果。

3. 突出锻炼重点

体育教学内容丰富，不同的运动项目对人体的锻炼重点不同，如足球运动对人体的耐力、爆发力、速度和灵敏度有着较高要求；游泳对人体的心肺功能和协调能力有较高要求；等等。在体育教学中，教师应结合学生的身体状况有区别地、有针对性地选择合适的体育教学内容，组织学生进行体育锻炼，使学生获得身体的合理发展。这要求体育教师在制订教学计划前就要对学生的普遍体质与运动基础有一个清晰、全面的认识，并且遵循体育教学规律，运用科学的教学方法合理地组织体育教学，以此来有效发挥体育教学的健身功能。

（六）促进心理健康

体育教学不仅有利于学生的身体发展，还对学生的心理健康发展具有重要的作用。与体育教学的健身功能一样，体育教学促进心理健康的功能主要是通过教师传授来实现的，因为教师的一言一行无时无刻不影响着学生的思想，这些行为都是在潜移默化中进行的。因此，教师必须身体力行、为人师表，为学生作出表率和榜样。

体育教学对学生心理健康发展方面的作用主要表现在以下两个方面：

1. 平和心态，缓解压力

参与体育活动有助于学生体验各种心理状态。在参与体育运动的过程中，学生要频繁面对成功与失败，其中失败和挫折的次数远远多于成功，由此可以培养学生在逆境中正确处理心态的能力。而作为胜利者，也要做到戒骄戒躁，只有具备这样的素质，才能再接再厉，取得成功。教学更为重要的作用是传授各种人类社会的道德、规范与理念，这是学生走向社会之前的必学内容。此外，平和的心态有助于学生提高自我抵抗压力的能力，而在体育活动中，也有助于学生获得身体和心理上的放松，缓解学生的学习压力。

2. 修养品德，完善人格

其一，体育教学具有帮助学生形成良好思想品德的功能。学生在体育教学与比赛中，可以养成遵纪守则的良好习惯。根据体育运动或游戏的规则，运动竞赛或游戏要想顺利进行，必须依靠参与者自觉遵守既定规则。在体育练习或比赛（游戏）中，学生还要懂得关心同学，尊重对手，尊重裁判，自觉遵守体育课堂秩序。

其二，实践证明，系统的体育教学对陶冶学生良好情操、塑造学生完美人格具有重要作用。在体育教学中，大多体育运动或体育游戏都需要集体共同参与方能完成。体育运动取胜的关键要靠集体的团结配合。因此，学生为了取胜，必须认识到团结互助、协调合作、发挥集体力量的重要性。总之，在身体练习的过程中，体力活动与智力、情感、意志活动紧密结合，融于一体，形成身体思维，所以学校体育教学能使学生的体能和思维活动同时得到发展，学生作为体育运动团队中的一员，需要处理好个人利益与集体利益的关系，应抱着克服一己私欲顾全大局的思维行事，这有助于学生形成完善的人格。

总之，体育教学的功能是多元化的，现代体育教学要求教师不断提高自身的体育专业素养和体育教学能力，以此充分发挥体育教学的多种功能，促进学生的全面发展，从而使学生成为适应社会发展的高素质人才。

学校毕竟是社会的一个组成部分，体育教学环境随时都受到各种外界环境的影响，同时又对外界产生不可忽视的作用。从这个意义上说，体育教学环境是特殊的开放系统，它同样辐射着大众体育和竞技体育，并且受其影响。

四、体育教学环境的功能

（一）陶冶功能

实践证明，优雅文明、美观和谐、活泼向上的体育教学环境，对陶冶学生的情操、净化他们的心灵、培养他们的审美情趣及养成他们高尚的道德品质和行为习惯有着重要的意义。通过各种有形的、无形的或物质的、精神的体育教学环境因素的综合作用，能够在耳濡目染、潜移默化中熏陶、感化学生，从而产生一种春风化雨、润物无声的教育效果。体育教学环境的这种陶冶功能如果运用恰当，对实现体育教学的目标乃至学校体育目标都具有重要意义。

（二）激励功能

良好的体育教学环境，一方面可以有效地激励教师教学的工作热情和动机，另一方面可以提高学生学习的积极性和自觉性，从而推动体育教学工作的顺利进行。体育教学可以为学生创造一幅诗一般的画面和意境：翠绿的草坪、湛蓝的天空、清新的空气、整洁的场地、个性化的器材与充满活力的运动场面。在这里，人与自然、人与环境、人与运动已经浑然一体。置身于这样的环境中，去奔跑、去跳跃、去拼抢，对学生而言，是他们人生中最惬意的享受。在这里，孩子们热爱运动的自然本性展现得淋漓尽致，而体育意识则宛如春天的藤萝，在学生的心灵中一天天萌发、滋长。

（三）健康功能

体育教学环境是师生长期生活、学习、工作的环境，环境的优劣直接关系到教师和学生的身心健康。一个卫生条件良好，没有污染和噪声，教学设施充足、安全的体育教学环境，可以有效地促进师生特别是学生的身心健康。另外，体育教学中宽松和谐的课堂气氛和良好互助的人际关系，还对学生心理健康具有积极的促进作用。

五、良好的体育教学环境的表现形式

（一）能够勇于突破传统授课模式

每一位教师都会在自己从小学到体育院校毕业参加工作，以及多年的教学实践过程中，不自觉地形成一种符合自己固有风格的教学模式。这些虽然在一定程度上使教学顺畅进行，却也能束缚体育教师的思维方式，使其陷入条条框框之中，严重制约着体育教学的改革和发展。要提高体育教学质量，实现教学目标，我们只有突破传统思维方式，勇于进行体育教学改革，改进组织形式，改革教学方法，以适应现代教育的发展需要，才能创造适合主体身心发展的教学环境。

（二）能够激发全体学生的兴趣和参与热情

体育教学改革的第一目标是“使体育教学面向全体学生”。教师要带着饱满而稳定的激情上课，用教态、内容、语言、媒体及其他灵活的方法和手段等激发学生的兴趣，使其积极参与到教学活动中，身心放松，体验成功与失败，学会积极思考，提高分析问题和解决问题的能力；培养每个学生的参与意识，并且把这种参与意识调动起来；鼓励学生积极参与体育活动，帮助学生确立不同阶段的学习目标，使学生能够通过自己的努力体验到成功的乐趣。

（三）能够充分发挥主体的自主性、创造性

1. 充分发挥主体的自主性

体育教学的突出特点是实践性强，注重师生互动和反馈，学生对运动知识的掌握和技能的形成与提高，都是通过自身主动、自觉地活动完成的。在教学过程中，教师应指导学生在如何学练上下功夫，激发学生的兴趣、启迪学生的思维、开阔学生的视野、丰富学生的体育文化知识，使学生掌握获取知识的途径和方法，从而增强学生的参与意识。

2. 充分发挥学生的创造性

创造性是对原有认识、操作成果有所改进或有所突破、超越。体育课的教学内容丰富、手段多样，教师要突破传统的教学模式，充分发挥学生的创造性。例如，在体育舞蹈教学中，学生不仅要会跳舞，还要学会创编舞蹈的原则，能够创编舞蹈。在教学中，为学生提供器材，鼓励学生发挥想象力，编排游戏，既充分调动了学生的创造力，又培养了学生的自信心，增加了学生的学习兴趣。

3. 能够充分体现体育教学的全面性

体育教学不仅仅是要提高学生的身体素质，还要教会学生做人，培养学生良好的道德品质，健全学生的品格。例如，在耐久跑中锻炼学生身体抗疲劳的能力，培养学生坚韧不拔的顽强精神；在游泳、滑冰、跳跃等项目教学中，培养学生不断克服胆怯心理以勇敢、无畏的精神去战胜困难，越过障碍；在足球、篮球、排球等团队运动项目教学中，要增强学生的自身活力，培养与人合作的精神；在羽毛球、乒乓球、网球等教学中，培养学生冷静的头脑、敏捷的思维及准确判断、当机立断的品格。通过组织竞赛，培养学生在逆境中的承受能力。在体育教学活动中，要在学生自我意识发展的基础上，培养他们的自我控制能力，使他们逐步形成各种良好的心理品质。

六、体育教学环境的调控

体育教学环境是由多种要素构成的整体系统，它与体育教学活动息息相关。体育教学环境的优劣直接影响着体育教学的进程，为了最大限度地发挥体育教学环境的正向功能，降低负向功能，实现体育教学环境的优化，必须对体育教学环境进行调控。对体育教学环境的调控是多方面的，突出地要注意以下几点：

（一）重视体育教学环境的地域优势

一般来说，不同地区、不同学校在环境条件上是有差异的，任何学校在环境方面又都有自己的特点和优势，充分挖掘和利用自身已有的环境优势，最大限度地减少、避免和弥补已有环境的不足，就有可能推动体育教学环境的整体改观。每所学校只要充分挖掘，就可以发现自己所处环境条件的潜力和优势。

（二）重视体育教学环境的整体布局

构成体育教学环境的因素颇为复杂，既有物质的，又有心理的，既有有形的，又有无形的，只有当这些环境因素协调一致时，体育教学环境的积极作用才能得以发挥。因此，调控体育教学环境，首先要考虑整体的筹划布局，把体育场、馆的建筑，周边环境的绿化，场内场外的布置，图书资料的购置，各类器材的设置，良好人际关系的建立，积极向上的班风学风的形成，作为一个整体来加以全面考虑和控制。注意体育教学环境的硬件建设和美化要符合学生身心发展的特点和教学基本规律，遵循教育学、心理学、生理学、卫生学及美学的基本原理，通过科学的调控，使体育教学环境真正成为塑造健康体魄、健全人格的保障。

（三）重视体育教学环境中强势因素的作用

环境心理学研究表明，环境可以影响人的行为，环境的不同特性能对人产生不同的影响。将这一原理运用于体育教学环境的调控过程中，适当突出体育教学环境的某些特征，可以增强特殊场景下的环境影响力，使师生的行为发生积极的变化。例如，在体育馆、图书资料室、球类训练室的主要出入口设置一面醒目的镜子，有助师生整理仪容、约束师生的言行。在体育场馆醒目处、通道口陈设体育格言箴语，有利于学生开阔视野，激发他们学习体育、参与体育的热情。在体育教学环境建设中充分发挥强势因素的作用是调控中的重要方面，但应当根据具体情境灵活运用，不能生搬硬套。只有这样，对体育教学环境的调控才能获得理想效果。

（四）重视体育教学环境调控中师生的主体作用

体育教学环境调控中教师的作用很重要，作为教育者要注意体育教学环境的调控，但是仅仅做这些还不够，还应当重视学生在调控体育教学环境方面的作用。与教师一样，学生也是体育教学环境的主人，创造良好的体育教学环境的一切工作几乎都离不开学生的参与、支持和配合。良好的校风、班风建设，体育教学设施的维护，教学秩序和纪律的执行等，都与学生紧密联系在一起。因此，教师应当重视学生参与体育教学环境建设的主动性，培养他们对体育教学环境的责任感。只有这样，业已形成的良好的体育教学环境才能得到持久维护，业已创造的良好体育教学环境在学生自觉不懈努力中才会变得更加和谐、优美。

在学校体育改革向纵深发展、素质教育成为人们共识的今天，体育教学环境应当引起体育教育界及学校行政部门的重视。这不仅是因为体育教学是在一个开放的环境中进行，比其他任何一门课程的教学受环境的影响更直接、更显现，还因为体育教学环境建设作为学校教学的窗口，更容易展现学校教育的特色。重视体育教学环境建设，重视体育教学环境的可持续发展，是新世纪新时代学校体育改革的一个重要切入点。

第二章

高校体育教学与运动训练

第一节 高校体育教学与运动训练的关系

一、体育教学与运动训练概念的界定

体育教学是教师的教与学生的学的统一活动。具体地说，体育教学是学生在老师有目的、有计划的指导下，积极主动地学习与掌握体育、卫生保健基础知识和基本技术、技能，锻炼身体，增强体质，发展运动能力，培养优秀思想品德的一种有组织的教学过程，是实现学校体育教学目标的基本途径之一。体育教学属于学校体育的范畴。体育教学包括体育理论知识教学和体育技术、技能的教学实践课两种基本形式，并且以后一种教学形式为主。运动训练是指在教练员的指导和运动员的积极参与下，为不断提高或保持运动员的运动成绩而专门组织的一种教育过程。在这个专门组织的教育过程中，教练员要根据运动员所从事的运动项目，采用多种多样的身体练习的方法和手段，对运动员进行身体、技术和战术训练及心理、智力和恢复训练，有计划地不断提高或保持运动员的运动成绩。这一概念阐明了三个要点：一是运动训练是一个专门组织的教育过程；二是运动训

练以不断提高或保持运动员的运动成绩为主要目的；三是运动训练是在教练员的指导和运动员的积极参与下进行的。对运动训练的概念，国内外有些学者从比较广泛的角度认为运动训练是运动员为创造或保持专项运动的最高成绩所做准备的全过程。这一定义除了将前述运动训练的概念所缺的包括在内外，还大大地扩大了其外延，也就是把与运动员创造或保持专项运动的最高成绩有关的各个方面，包括采取的准备、创造和保持专项运动最高成绩的一切措施和办法都纳入运动训练的范畴之内。从体育教学与运动训练的概念上不难看出，这两者之间具有共同之处，又各具特点。两者都是有组织的一种教育过程，都是培养人的手段，都是教与学的双边统一活动，都是以身体练习为主并承受运动负荷等。不同之处是，两者在本质属性上有差异，体育教学属于学校体育的范畴，而运动训练则属于竞技体育的范畴。两者在目的、任务上也有差异，体育教学的主要目的是增强体质、增进健康，而运动训练的主要目的是提高运动成绩，夺取各种运动竞赛的奖牌。两者在内容上、方法上、手段上等各方面都存在着明显的不同。

体育教学与运动训练概念的确立反映了人们对其特点的认识与掌握。我国体育教学与运动训练的概念形成已久，其分析与概括也相当完备，但隐藏于概念背后的一些问题为人们所忽略。概念的归纳是与事物发展过程相逆的活动，事物不断发展变化以图改变现有状态，而人则通过实践经验总结一定事物的阶段性特征，同时在具体的实践过程中遵从这些原则规律并加以运用。因此，从事物发展的角度来说，概念的确立在一定程度上固然能促进事物的发展，但在运用概念的同时更应该注重概念的废除与重建，这是社会发展的需求，也是社会体育需求发展的要求。

二、体育教学与运动训练的相同点

（一）二者都需要运动

运动训练需要“运动”是毋庸置疑的，而体育教学也需要运动。体育教学最主要的特点就是通过不同的运动来提高学生的身体素质，即学生需要在反复学习和练习的过程中不断提高自己的技能水平，而这个过程能够促进学生身体素质和运动技能的提高。从这一方面来说，无论是体育教学还是运动训练，它们都需要通过“运动”来达成各自的目的。

（二）二者都根据对象的特点选择运动形式

体育教学和运动训练都需要按照学生和运动员的年龄、性别、体质、运动水平等选择运动项目。例如，在大学生体育教学中，体育教师应以增强大学生的身体健康为目的，根据大学生的身心特点，选择能够适应其身体负荷的运动项目并进行合理的搭配、排列与组合，这样才能促使教学过程更加科学化、高效化。而在大学生运动员的运动训练中，教练员同样要根据运动员的身心特点，选择能在适应期发展的训练项目，并且需要根据其运动状况制订多年详细的运动训练计划，分不同阶段逐渐地提高运动员的运动水平，延长运动员的运动寿命。从这一层面来说，体育教学和运动训练都是以针对的不同对象的情况为切入点进行教学或训练。

（三）二者都需要随着时代的发展而发展

随着时代的发展，体育教学逐渐由传统的以传授固有知识为重点的封闭式教育向着重培养学生的创造性思维和终身教育观念教育方式转变。在这种情况下，体育教学的内容需要跟上时代发展的步伐，改变过去的单一的以竞技体育知识传授为主的教学方法和内容，取而代之以健身、娱乐、休闲等为主要的学习内容。同样，运动训练的方法与形式也随着时代的发展而不断发展。运动训练需要研究最新的比赛规则，使用先进的仪器设备提高运动员的竞技能力，这些都是时代发展带给运动训练的变化。在现代社会中，要想在比赛中获得好成绩，在运动训练中就不仅需要了解诸如运动生理学、运动解剖学等运动专项理论，还要了解世界各国该项运动水平的发展情况，结合我国此项目的当前水平，找到提高运动训练水平的新的训练理念与训练方法。

三、体育教学与运动训练的互补分析

虽然体育教学与运动训练存在一定差异，但从实质上看，体育教学活动与运动训练过程在核心内容上有许多相似之处，而这些一致性正是体育教学与运动训练能够有效补充、互相渗透的关键所在，虽然存在的其他约束力使其自然功能发生了一定分化，但是二者发展目标的一致性使二者在整个教学过程中互相补充、相互渗透。体育教学与运动训练各自存在一定的不足和缺陷，这就需要互相借助，相互取长补短，充分利用互补原理解决发展过程中存在的问题。之所以选择互补，就是因为“理论”与“实践”功能上的不同，但都是体育教育过程中必不可少的一部分。因此，体育教学与运动训练从实质上说是可以互相借鉴和补充的。在体育教学过程中，运动训练只是其中一部分，整个体育教学活动依旧建立在教学目的实施方法、合理应用教学方法和教学理念等教学活动基础之上。运动训练包含多项内容，就目前发展状况来看，运动训练对竞技性的要求更高，整个运动训练过程的良好完成都是建立在大量运动训练基础上的。在体育教学过程中，随着教学活动和体育训练的开展，不仅能够帮助学生有效掌握体育理论，同时能使其养成良好的运动习惯和健康习惯，而这一系列都离不开运动训练的开展。

分析研究体育教学和运动训练关系的互补性，对于体育教育来说十分重要，只有正确地处理二者之间互相补充、相互促进的关系，才能在教学过程中实现理论与实践的紧密结合，才能达到运动训练的效果，完成体育教学目的。而通过对两者相同性的正确认识，也将实现体育教学与运动训练之间的合理发展。随着时代要求的不断提升，要想适应这一变化，就需要改变以往传统单一的教学方式，创新教育形式，由封闭教学、机械教学转化为创造性教学。只有教育观念发生了本质变化，才能跟上不断变化的时代形势。在变化发展的过程之中，转变旧的、落后的发展方式和成长理念，促进新的教育教学理念的形成，才能提高我国的体育教学整体水平，促进运动训练成绩的不断提高。

第二节　高校运动训练和体育教学的发展方向

一、我国高校体育运动训练中存在的问题

（一）不重视体育专业理论知识的学习

广义的体育运动训练实践既包括训练实践，也包括体育专业理论知识的学习。但是，目前我国许多高校受教育思想的影响，在促进大学生个性发展的同时，对大学生的文化知识学习过于放松。尤其是体育专业的大学生，很多都不注重专业理论知识的学习，这就导致其在体育运动训练中对教练员的指导理解不正确，难以把握体育技能要点，同时更容易发生运动损伤，体育运动训练成果不理想，技能水平提升较慢。

（二）体育运动训练课程设置不合理

近几年来，随着社会经济的发展和时代的变革，体育事业也进入产业化阶段，对专业的体育运动训练员提出了更高的要求。而我国众多高校的体育运动训练课程在训练内容设置上落后明显，难以满足当前体育产业化阶段市场对专业体育人才的要求。因此，我国高校必须积极调整与变革相应的体育运动训练课程内容，使其更具有科学性、专业性与时代性，以此优化高校体育运动训练质量，提升其训练有效性。

（三）高校运动队管理科学性不高

现阶段，我国高校体育运动队的管理还不是十分科学，这主要表现在两方面：一是缺乏专业的体育运动教练员。众所周知，体育运动教练员的训练水平直接影响着大学生运动员的体育运动训练成果。目前我国高校的体育运动训练员一般都是由本校的体育教师兼任，并非专业的体育运动教练，其体育运动训练能力自然有限，所以高校体育教师对大学生体育运动员的体育训练成果并不理想，我国高校运动队的管理方法必须及时调整与

改革。二是我国高校运动队在选拔大学生运动员时，过于注重大学生运动员的体育天赋与体育技能，忽略了对大学生文化素质、心理素质、思想道德等方面的考察。大学生体育运动员虽然体育天赋不错，但心理承受能力较差、意志力不强，这样在训练过程中他们就很难长久坚持，遇到挫折往往会情绪低落，从而直接影响体育运动训练成果。

二、高校运动训练与体育教学的发展趋势

（一）通过运动训练促进学生素质的全面发展

体育教学的重要表现之一就是发展人的自然素质。这主要是因为自然素质在人的素质结构中最基础，而自然素质就是指身体素质，而且能够通过体育教学进行锻炼与提升。想要达到这一目的，就需要承受一定程度的负荷。高校学生在兴趣爱好、体育观念、身体形态及素质等方面存在着一定的差异，其体育运动的水平自然也存在着一定的差距。针对这一点，教师就需要通过合理运用运动训练手段，结合学生的实际情况制定相对合理有效的课程模式，减轻学生在锻炼过程中承受的负荷，使其在体能与体格等方面得到切实有效的锻炼。

（二）运动训练与体育教学的互动发展

要想顺利开展高校体育教学，就需要确保运动训练与体育教学相互依托，互为一体。高校体育教学一旦脱离运动训练，势必缺乏必要的美感与激情，无法使学生的积极性得到调动；体育教学是运动训练的基础，运动训练一旦脱离了体育教学，势必也得不到良好的发展。因此，运动训练与体育教学需做到同步发展，即高校可将体育教学作为竞技体育发展的基础，充分利用运动训练、课余体育竞赛、课堂教学等方式，使学生的技能水平与体育意识得到强化，确保学生能够正确、深刻地认识体育，培养一大批运动技术水平较高的积极分子和体育尖子；另外，竞技运动和训练的持续发展也会使体育教学发展得到进一步促进，即通过开展竞技运动可以使学生的集体荣誉感得到提高，激发学生参与训练的热情和积极性，并且最终

促进高校体育教学实现健康长远的发展。

三、提升高校体育运动训练有效性的科学策略

（一）培养大学生体育运动员的运动兴趣

兴趣是最好的老师，人们对某件事情的兴趣爱好对于推动其成功至关重要。对于体育运动训练来讲，也不例外。大学生体育运动员如果具有浓厚的运动兴趣，那么在进行体育运动训练时，就会主动且全神贯注地投入其中。这样，他们在整个训练过程中对于体育运动训练方法和体育运动训练技巧的认识更深刻，掌握也更熟练，其体育运动训练的有效性也就随之显著提高。而培养大学生体育运动兴趣的方法主要有两种：一是积极鼓励大学生运动员邀请自己的运动员同伴一起进行体育锻炼，并且在锻炼前设定竞争规划，锻炼过程中彼此竞争、相互鼓舞，共同提高体育运动训练的效率。二是积极报名参加各类体育运动会，通过对实践体育赛事的亲身经历，激发大学体育运动员参与体育运动的兴趣。

（二）培养大学生体育运动员的体育精神

在体育运动训练中，运动员需要消耗大量的体力，拉练全身各个部位，唤醒身体的运动状态，并且随时承受运动损伤的风险。也就是说，体育运动训练本身是一件十分艰苦的活动。近些年来，我国人民生活水平不断提高，许多大学生从小娇生惯养，倍受呵护，缺少吃苦精神和顽强意志，要在这项艰苦活动中长久地坚持下去，没有体育精神的支持是很困难的。所谓体育精神，一般是指体育运动的整体风貌、体育运动水平、体育运动特色、公正、公开和凝聚力、号召力等，是体育的理想、情操、信念、道德与体育审美水平等的标志，是整个体育运动的支柱和灵魂。只有具有了强大的体育精神，运动员在体育训练中才会更加不畏困难、艰苦奋斗、自觉地维护团队的团结和公平。而体育精神并不是每个运动员与生俱来的，而是在平常的体育运动训练中一点点培养起来的。这就需要大学体育运动教练重视大学生体育运动员体育精神的培养，将体育精神融入体育专业理论

知识教学中，不断加强大学生体育运动员对体育专业理论知识的学习。通过对体育文化知识的学习，加深大学生运动员对体育精神的深层次精神感悟与理解。

（三）重视大学生运动员良好心理素质的培养和训练

体育运动员心理素质的好坏会显著地体现在体育训练的每一个环节上，有时甚至会细化到运动员的每一个体育动作中。如果大学生运动员缺乏良好的心理素质，心理承受能力差，在体育训练中一旦受到挫折，很容易陷入垂头丧气、情绪失落、萎靡不振等不良运动状态中，直接降低体育运动训练的有效性。因此，体育运动训练员必须重视大学生运动员良好心理素质的培养，在平时的体育运动训练中通过科学化的心理素质训练方法不断增强大学生的心理承受能力，促使他们随时保持一个良好的心理状态，并且在这种良好心理状态的影响下，使身体训练进入预期的最佳状态。

（四）进一步加强对高校体育运动队的管理

目前我国高校体育运动队的管理并不科学，这就要求相关高校从大学生运动员和体育训练员这两方面进一步加强对高校体育运动队的管理。一方面，在选择大学生运动员时，将他们的文化知识水平与体育技能、体育天赋作为入选资格的共同依据。另一方面，高校要及时改变传统的体育教师兼任体育训练员的落后管理方式，在大学中将专业的体育竞技与日常的体育教学工作独立开来，为体育运动队聘请训练水平高、训练经验丰富的专业的体育教练员，负责高校的体育运动训练工作。

（五）制订科学合理的体育运动训练计划

体育运动训练是一件需要长久坚持的艰苦事业，在日积月累的长期训练中才能实现运动员身体素质的增强和运动技能的提升。尤其是对于专业的体育运动员来讲，运动训练量大，日常训练过程更艰苦。这就需要体育运动教练根据自己丰富的实践训练经验和队员的身体素质状况，制订科学合理的体育运动训练计划，通过该计划将艰巨的体育训练任务细化到各个阶段、各个环节，有步骤性、有重点地开展相关的训练活动，最终达到高效优质的训练目的。

（六）加强对大学生运动员本体感觉的研究

所谓本体感觉，一般是指关节、肌腱、肌肉等身体各个部分的运动器官自身处在不同状态（静止或运动）时所产生的身体感觉。作为人体最基本的感觉系统，本体感觉的灵敏度对于体育运动员的训练水平与训练质量有重大影响。一方面，本体感觉在运动员进行体育运动训练时可以准确提供运动员身体姿势变换与运动员四肢位置转变的信息，精确地感知运动员目前所处的相对位置。它虽然不能直接显现在某一体育运动项目上，却可以间接影响体育运动训练成果。它通过有效控制体育运动员身体各关节的活动，协调运动员身体各部位的动作配合，促使运动员作出的体育动作更到位，并且确保运动员的身体平衡。另一方面，本位感觉还有助于大学生运动员有效预防体育运动训练中的各类运动损伤。因此，高校体育运动训练员必须进一步加强对大学生体育运动员本体感觉的研究，深入了解各个运动员的本体感觉灵敏度，将其有针对性地应用到日常的体育运动训练中，最终提升大学生体育运动训练的有效性。

综上所述，目前我国高校传统的体育运动训练机制存在的问题越来越明显，其落后的训练方法与管理方式已经难以适应时代的发展需要。这就需要各大高校积极采取科学策略，对高校体育运动训练进行变革与创新，通过更加科学化、专业化的训练与管理方法，进一步提升我国高校体育运动训练的有效性，优化高校体育运动训练质量。

第三节　高校体育教学与运动训练实践

在当前的高校各类教学活动中，智育压倒体育的趋势愈演愈烈，德育在高校教学过程中也因此被淡化。因此，体育课堂教学急需改革，通过构建高效的课堂改革新模式和新体系，进而实现全科育人的教学理念。从当前体育教学实践上来讲，良好的体育教学课程和训练课程关乎人才的培养质量和运动训练专业化技能的提升，对加强学生心理健康教育和为学生做好职业生涯规划有着积极影响。

一、制约我国高校体育运动训练专业课设置的因素

（一）课程内容设置与人才目标偏差

当前我国运动专业训练还沿用教练员本位的教学理念，尤其在实践体验课程活动中，运动训练专业的课堂设置仍将关注点集中在学生是否达到预定的要求上，从某种程度上来说，忽略了学生的心理健康要求，违背“健康第一”的教学原则，不利于增强学生的心理素质。目前我国体育专业课程分为两大类：一是对运动生源进行系统和理论化的教学；二是对普通学生开展全面训练。但是，由于运动训练的专业课程内容存在部分偏差，导致人才培养目标相对落后、专业培养目标不清晰、运动训练专业培养方向狭窄、学科和科目比例不够协调、必修和选修课混乱等问题，使课程设置缺乏科学化。

（二）评价层次与结构不协调

体育运动训练专业课程层次的协调与否，与体育运作质量的均衡化有着直接关系，如若课程层次不够清晰，就会导致训练专业课程不够规范。另外，衡量课程层面专业的关键要素是体育分数，即评价方式。体育评价是衡量体育教学质量的重要标准，若评价标准过于单一，评价体系的层次与结构不协调，也会给体育考试带来诸多负面影响。很多学生平时不重视体育锻炼，在考试前“恶补”，延长训练时间，加大训练量，导致训练效果不理想。因此，为提升训练效果，教师应该选用学生更能接受的方式提升学生的体育锻炼能力，培养学生的运动兴趣，让学生掌握良好的运动技能。此外，对于学生体育课程的评价标准也要与时俱进，不断创新，不以唯一的考试分数衡量学生的课堂表现。

二、高等院校体育教学与运动训练发展性构想

（一）建构特色化体育课程体系

体育课程建设要求主要从引领、规划、建设等几方面入手，这些都是体育课程设置的关键驱动力。教育主管部门也应该积极组织高校体育课程教材的调研工作，让学校思考、规划体育课程，构建的体育训练专业要符合校本特色化要求。在此基础上，培养高校学生的体育素养，不仅要关注学生评价，更要关注课程评价，摒弃过去重视课堂忽略课程的形式，构建更具特色的运动训练专业课程体系，由此才能构建完整和富有特色的学校运动训练专业化体系。

（二）创新运动训练专业课程设置

通过高校的体育运动训练专业课程创新，让体育课程教学质量实现跨越式发展。我国的体育教育要走特色化发展道路，起点是培养学生的体育运动兴趣，力争让学生养成终身体育锻炼的习惯。体育教学活动的关键是为了推进学生的锻炼能力，使学生通过体育课程培养自己的体育锻炼能力，养成热爱体育、不断加强体育锻炼的良好习惯。高校要不断深化体育教学改革，发挥学校体育运动训练课程的主导作用，持续推进体育健康教育，让学生全面掌握运动技能，更要重视学生健全人格方面的培养。体育运动项目的开设，一方面是身体建设，另一方面是心理建设。体育是一项群体活动，如篮球、足球等项目需要团队配合，因为在竞争中要想获取名次，就要队员之间的相互配合，这对提高学生的人际交往能力有很大帮助，所以要鼓励学生多参与体育锻炼，让学生通过体育结交新朋友，并且学会团队之间的配合。此外，体育运动训练也要根据中国的国情完善高校体育课程结构。

三、高校体育教学课程与运动训练实践性研讨

（一）创新当前教学理念并改革教学内容

很多人将体育看成单纯的体力运动，其实体育在发展进程中更涉及脑力训练。研究发现，经常参与体育锻炼的学生反应和应变能力都比较强。体育训练专业的学生一般文化基础薄弱，导致在理论课程学习时出现学习目标不明确、学习动力缺失、学习方法单一等状况。出现这些状况的真正原因是传统的理论课程教学以教学大纲为主，虽然这种“中规中矩”的做法能够适应教学需求，却不能契合学生的专业化特点，导致教学内容单调，学生难以理解和接受，进而失去学习兴趣。因此，教师在选取运动训练专业教学内容的时候，要根据学生的学习特点，结合教学大纲的规定要求，遵循“从简求实”“深入浅出”的学习原则，将理论必修的难度降低，让知识更偏重于操作性，尽量将抽象的知识转为形象知识，让学生能学、能会、能用，真正达到学以致用。另外，在设置理论选修课程的时候，也要考虑市场需求和学生爱好这两方面的因素，加大教育、自然、学科和工具类等边缘学科的课程比重，让学生在学习阶段多涉猎知识，这样既能拓展学生的知识面，对学生学习能力的提升也有切实帮助。

（二）运用自讲教学法促进学生能力的提升

自讲教学法主要集中于“导”字上面，“导”即引导，通过引导让学生对知识有初步的了解，再深入地探究知识的本质内容。这要求学生要具有一定的主动学习意识，能够积极主动地获取知识。教师发挥“导”的作用，是引导学生的学习方向，避免学生在学习过程中走偏。这要求教师要根据课堂所讲内容，结合学生的学习实际，给学生提出基本的问题，学生根据问题开展针对性学习，通过查阅文献资料、分析、思考，提高解决问题的能力，进而达到触类旁通。此外，引导自讲能够提升学生的表达能力，激发学生的学习兴趣，调动学习主动性。例如，教师在进行“运动心理学”课程中“社会环境与青少年心理”教学时，就可以运用自导法开展讲解。

课程开始之初，给学生讲解有关社会环境对学生状况的影响因素，让学生通过“孟母三迁”的案例了解环境对人的影响和意义。通过事例引入，学生对环境影响因子有了初步探究，通过有趣的案例探究知识的本质内容。这种自学、自讲的教学模式对学生课下主动获取知识、提升语言表达能力发挥了积极作用。

（三）通过讨论研究教学方法助力教学革新

讨论研究教学法的开设则将关注点集中在“论”字上，即教师组织学生探究体育课堂教学方面的论点或难点。讨论的目的，一方面是让学生交流看法，另一方面是通过讨论寻求解决办法。例如，学生上羽毛球专业课时，不能第一时间掌握好落球的位置，初期接球的时候，直接让膝盖垂直落地，这样不仅不利于方位的调整，还会因为地面的震动导致膝盖受伤。但是，借助于课程讨论，使学生了解如若在运动时脚掌倾斜落地，膝盖不垂直下落就能有效规避这一问题。由此，教师在设置问题的时候，需要选择与学生的兴趣和需求结合的问题，给学生充分的准备和思考空间；教师组织教学活动时，让学生能够畅所欲言；在学生完成讨论以后，教师要针对学生的状况做总结，使学生能够全面、准确地把握知识。借助讨论，不仅学生的分析、理解和逻辑能力能够得到不同程度的提升，学生的领导能力和协调能力还能得到发展。

（四）采用联想对比教学法完成教学实践转型

新一轮的课程改革已经逐步进入深水区，运动训练专业教学改革要符合国家的“教育改革深化发展”的要求，借助现代化教学资源的整体优势，进一步创新现代化教育教学改革发展新模式，培养创造性的高水平运动人才，不断地完善课程改革发展模式，让体育教育活动更趋高端化、多元化和集聚化。由于传统的体育观将体育的生物价值属性看成教学活动的中心，因而关于体育的解释更关注生物学科知识，人们将关注点都集中在运动员的体能、技术等方面。因此，体育院校要树立更为全面的价值观，要在体育教学活动开展的同时增设人文社会学科，给学生灌输相关的人文理念。

这不仅契合人文与科学相融合的教学理念，还让学生在完成体育训练要求的同时，了解体育文化和体育知识，对提升学生整体素养有积极的推动意义。

在课程教学改革过程中，强调运用横向联想与纵向对比相结合的教学方法。该教学法的关键在于一个“比”字，即在理论教学过程中将相似的概念、规律或现象根据不同的方式进行对比，在比较中找到相同或相似点，目的是加深知识理论能力。这要求教师在教学时需要准确地对比不同材料的相似之处，同时要求学生由此及彼地联想之前的知识；此外，让多项知识彼此之间形成内部联系，通过建立恰当的联系，让学生寻找内在知识的认知规律。

高校开设运动训练专业课程不仅是学习的需要，还是培养学生体育素养的关键性举措。因此，教师在教学时要转变专业课程的设置形式，转变运行训练的驱动要素，进而完善专项体育课程，增强学生对实践知识的理解能力，借以优化课程训练和课程改革，进而探寻体育课程改革的新模式。

第三章

体育教学技能训练

第一节　教学内容编制技能

教学内容编制技能是指为实现体育教学目标，在体育教学理论知识的指导下，通过不断练习而形成的熟练编排和制定体育教学内容的行为方式。随着课程改革的不断推进和新课标的实施，教学内容编制技能显得尤为重要。为了更好地实现体育教学目标、完成体育教学任务，必须掌握体育教学内容编制技能。教学内容编制技能包括教学内容选择技能、教学内容改编技能、教学内容安排技能等。

一、教学内容编制技能概述

体育与健康课程的改革为学校体育带来了新的理念，给体育教学内容编制提出了新的要求。在三级课程管理体制改革中，教师在某种程度上成为教学内容的设计者和决定者。体育教学内容在很大程度上需要体育教师自己作出决定，对体育课教学内容的设计则成了每个体育教师必须思考的一项基本工作。

（一）教学内容编制技能的作用

1. 有利于熟知体育教学内容

体育教学内容是以体育教育为目的，以身体练习、运动技能学习和教学比赛等为形式，经过组织加工后可以在教学环境下进行的内容的总称。体育教学内容的种类多、素材广，不同教学内容之间存在较大差异，在选择和安排上存在一定难度。为解决这些问题，只有在熟悉体育教学内容的基础上才能进行，了解体育教学内容是编制体育教学内容的前提。掌握教学内容编制技能也是对体育教学内容再认识的过程，只教不编，对教学内容很难深入理解和掌握，更谈不上灵活与恰当运用。

2. 有利于了解体育教学内容的作用

熟练掌握教学内容编制技能，有利于深入了解不同教学内容的功用和效能，明晰体育教学内容的作用，从而作出价值性选择。虽说教学内容具有一项多用的特征，但不同教学内容的主要作用、特征还是有区别的，有的甚至大相径庭，在体育教学内容编制时必须加以甄别。

3. 有利于合理选择体育教学内容

体育教学内容的种类繁多，演变来源各异，如奥运会项目就有100多项，这些项目大都可以作为体育教学内容。从民族传统体育来看，上千个扎根于民间的体育项目大都可以成为体育教学内容，还有近几年涌现的新兴体育项目。如何在众多的体育教学内容中选择恰当的教学内容进行授课是对当代体育教师的一大挑战，也是教学内容编制技能中的一项重要教学技能。

4. 有利于熟练地进行教学设计

体育教学设计是应用系统科学方法分析和研究体育教学问题、解决体育教学问题的方法和步骤，也对体育教学结果作出评价的一种计划过程和操作程序。掌握教学内容编制技能对于熟练分析体育教学内容、恰当编排体育教学顺序、制订合理的体育教学计划、科学系统地对体育教学进行设计具有十分重要的意义。从某种角度来讲，教学内容编制技能越强，教学设计技艺越高。

5. 有利于体育教学内容资源的开发

在体育实践教学中，由于体育教学过程中的环境及学生等不确定因素繁多，体育教师要因时、因地、因学生情况及时变换内容，采用改造、整合、拓展等改编方法开发体育教学内容，以适合教学需要。因此，教学内容编制技能的形成，尤其是掌握教学内容改编技能，能够更好地开发教学内容资源。

（二）教学内容编制技能的特征

1. 逻辑性

教学内容编制技能不同于其他体育教学技能，一般是在课前进行的，是备课的重要环节。虽然运动项目有时可以“一项多能”，有时可以“多能一项”，加之其本身的学科内容交叉较多，但其内在的逻辑性较强。从体育学科角度看，大都强调由动作结构、动作方法到动作要领、动作关键；从认知角度来看，主要强调的是从基本知识、基本技术到形成技能的逻辑；从学习过程角度来看，主要重视由易到难、由低到高、由简到繁的逻辑；从心理过程角度来看，常常关注感觉、表象、思维、分析和运用这样的逻辑。从不同的角度出发编制体育教学内容，其内在逻辑不同，应选择一个主要逻辑，再考虑其他次要逻辑。

2. 时代性

教学内容不是一成不变的，它随时代的变迁而变化，教育理念也在不断更新，学生对体育教学的需求也在逐步增加。体育教师只有紧跟时代的步伐，不断提高自己的知识水平，才能满足现代学生、社会的需要。众多新兴体育教学内容及运动项目的出现，为现代体育增添了不少光彩，同时也向体育教师提出了严峻的挑战。编制既符合教育教学指导思想要求又要兼顾学生身心特征和兴趣爱好的教学内容，是体育教师教学内容编制技能时代性的体现。

3. 知识性

教学内容编制技能不同于其他技能，对于理论知识的掌握及教学内容的表达水平要求相对较高。在进行教学内容编制时，无论是教育学和心理学的理论知识，还是体育学中的技能发展规律等知识，都为体育教学内容编制技能提供了理论指导。编制体育教学内容，不仅要注意教学内容知识的表达用语，还要注意知识表达的层次性和逻辑性。那种词不达意、混乱拼凑、照抄照搬的教学内容，离编制要求甚远，难以体现知识体系的科学性。

4. 艺术性

教学内容编制是一门艺术，内容新颖多样、结构完整严谨是教学内容编制技能艺术性的体现。编制合理的教学内容可以使教学产生事半功倍的效果，让学生轻松、愉快地掌握知识、技术并成为运动技能，增强体质，培养适应社会发展的新人。熟练掌握教学内容编制技能可以使教学构思更为巧妙、教学设计更为精细、教学过程更具艺术性。

5. 系统性

教学内容既不是支离破碎的，也不是漫无边际的，而是相互密切联系的系统性内容。选择和改编体育教学内容都有目的性，其内容范畴和相互关系具有确定性和层次性，教学内容的连贯衔接就是其具体体现。教学内容编制的技能本身也有系统性要求，其选择、改编、安排三个子类技能之间有着相互联系、相互制约的关系。

6. 前置性

体育教学内容编制是教学实施的前提和基础。体育教学工作应在设计教学工作计划后开展，而教学内容编制是制订教学工作计划中的工作内容。无论是学年、水平还是学期、单元、课时教学计划，教学内容都是其重要内容。只有将教学计划中的教学内容编制好，才能为活动组织、学习指导、保护帮助、负荷调控的顺利进行奠定基础。可以说，掌握体育教学内容编制技能是实现教学目标的前提和基础，只有在掌握了体育教学内容编制技能的前提下，其他教学技能才能更好地展现。

7. 针对性

体育教学内容的编制是在既定教学目标的要求下确定的内容，而不是按照教师的意愿随意确定教学内容。无论是编制内容还是编制对象，都是相互对应的，针对性较强。目标成摆设，内容成常规，就违背了教学内容编制的要求。掌握了教学内容编制技能，应编制有利于完成教学目标、有利于提高教学效果的教学内容。

（三）教学内容编制技能的内容

教学内容编制技能由教学内容选择技能、教学内容改编技能和教学内容安排技能组成。选择恰当的内容，改编适用于学生和学校情况的内容，有步骤、有计划地安排教学内容，将会有效提高教学质量。三种技能相辅相成，缺一不可。

1. 教学内容选择技能

教学内容选择技能是教师为实现体育教学目标，在熟悉教学内容的基础上，对教学内容进行有目的筛选的行为方式。形成教学内容选择技能之前，熟知体育教学内容的分类和选择依据非常重要。

体育教学内容的分类有很多，依据不同的分类标准，有不同的分类方法。依据体育教学内容的属性可以分为知识性、动作性和运动项目三种。

（1）在体育教学中，根据运动项群来分类可以清楚地表明教师对教学的具体要求。体育教学内容素材广、种类多，灵活熟练地运用教学内容选择技能，掌握教学内容的分类，才会不断提高教学效果。掌握教学内容的分类有利于学习与理解教学内容，形成更为科学的教学体系，理清教学内容间的逻辑关系。掌握教学内容有利于教师使用教学内容，科学选择教学内容；有利于教学内容的创新，丰富教学内容。

（2）教学内容选择的依据。教学内容的选择并不是随心所欲的，而是要在明确层次的基础上，有依据地选择。一般而言，选择依据包括课程标准教学目标、教师与学生、教学环境、社会与生活等。

2. 教学内容改编技能

教学内容改编技能是教师为实现体育教学目标对已选择的教学内容进行改制的一种行为方式。教学内容改编技能包括改编的内容、方式和注意事项。根据实际情况，在选择了教学内容后，对教学内容进行改编就需要具备一定的教学内容改编技能。教学内容改编技能要求充分发挥教师的主动性和创造力，在分析场地、器材、学情等对教学内容进行改进的基础上，丰富教学内容，活跃教学气氛，更有效地实现教学目标。

（1）改编的内容。

第一，民族、民间传统体育项目的改编。民族、民间传统体育项目是我国的特色文化，对于弘扬民族文化、振奋民族精神、促进民族体育文化的发展和加强民族团结、促进交流等方面具有重要作用。有学者将这些传统体育项目引入学校，按身体锻炼价值和功能特征归纳为三大类：嬉戏娱乐类、竞赛表演类、节庆习俗类。嬉戏娱乐类教学内容是以娱乐消遣为主，使学生在玩乐中体验运动快乐，达到身心愉悦、调节情绪的目的。这些内容在学校体育中主要是以游戏的形式出现，如苗族的走竹竿、壮族的投绣球、布朗族传布朗球等，民间传统体育项目有跳皮筋、斗鸡、呼啦圈等。将走竹竿中的器械简单变换，就可以成为一种新的体育项目，还可将投绣球改编成丢沙包、将布朗族的传布朗球改编成传手帕等。竞赛表演类教学内容是用丈量、计时、计分等方法分出胜负，有一定的规则要求，对抗性和观赏性较强，其中一些也有游戏的成分，如藏族的抱石头、蒙古族的搏克、维吾尔族的叼羊等，民间项目有骑马打仗、打垒球等。节庆习俗类教学内容与生活息息相关，文化底蕴深厚，活动形式多样，如瑶族“游泳节”游泳，东乡族的“花儿会”、摔跤、拔河，壮族的跳灯，藏族的“插箭节”登高及藏历年射箭、拔河等。有些运动项目不适合在体育课堂教学中应用，如果对其进行适当的、因地制宜的改编，可成为既富有民俗特色又适合体育教学的项目。

第二，现有运动项目的改造。对现有运动项目改造的方法无外乎降难、升易、改变规则或器械等。例如，将竞技体育融入学校体育中，就需要降难，将竞技性强、规则要求复杂、难度大的竞技运动项目改编成学生乐学的教学内容。教师根据学生特征、场地等情况灵活改编竞技运动项目，或者更改规则与运动条件，让学生易于接受。休闲娱乐类运动项目的改造同样如此，教师可以改变规则，增加难度。

第三，新兴时尚运动项目的开发。新兴时尚运动的开发丰富了体育教学内容，而且深受学生喜欢，如登山、野营、攀岩、速降等，必须注意安全教育和实操性。可以利用网络资源等开发新兴的体育运动项目。“撕名牌”这个娱乐节目不仅在网络上收视率高，还在现实生活中深受青少年的喜爱。可以将这个项目引到体育教学中，结合体能训练或中长跑教学等，将原本枯燥乏味的体能训练和中长跑改造成学生乐于接受的“撕名牌”游戏，使教学变得更轻松有趣，也可以充分调动学生的积极性。通过对这些项目的开发，将学生追求的时尚项目改编为健康积极、参与性强、具有教育意义的教学内容，是体育教师应该具备的一项基本技能。

（2）改编的方式。

改造法是改编的主要方式，在运用改造法对现有运动项目进行改造时，运用的条件和方式不同。由于时间的限制或动作技术结构的重复性，可以适当简化动作，通过删减动作数量来改造原有的技术。这种改编方式易于学生接受，也比较简单。通过降低难度或增加难度进行改编，如将使用器械的练习改为徒手练习或将徒手练习改为使用器械练习。修改游戏或比赛规则来改编教学内容，增加了教学的灵活性，便于学生接受。将陆地项目移植到水中，如水中瑜伽或水球等项目，增强了项目的趣味性。改变人员的组成或练习的路线等，有利于学生掌握动作技术，如“五米三向折返跑”不仅锻炼了学生的反应速度，同时增强了他们的灵敏性。利用限制的方式，如将单人跑改为“两人三足”、将双脚跳改为“袋鼠跳”等，增强团队合作能力。利用夸张的方式处理道具，使学生便于理解。

（3）改编的注意事项。

第一，根据体育教学目标、学生需求和运动项目特征而改编。

第二，在学校实际条件允许的情况下，在体育教学目标的指导下，尽可能兼顾学生的需求，对运动项目进行改编；对于一些枯燥、乏味、难度较大的运动项目，也要根据项目特征对运动项目进行改造，不能脱离实际、胡编乱造。

第三，尊重民族特色，因地制宜改编民俗传统运动项目。首先，民族、民间传统体育项目具有浓厚的民族特色，在沿用这种传统体育项目时特别需要注意的就是尊重民族风俗习惯，不能有歧视或打击民族风俗习惯的行为。其次，根据地域特征开展适宜的传统体育运动项目，对不合适的民俗传统运动项目进行改编，以适应学生身心健康发展的需要。最后，在设计传统体育项目时，一定要考虑安全教育问题，结合场地、天气等因素合理改编传统体育运动项目。

第四，关注体育时事动态，开发新兴时尚运动项目。在进行新兴时尚运动项目的开发时，也要有选择性。首先，大多数学生喜欢的新兴体育运动项目，参与程度高，也易引起学生的兴趣。其次，紧跟时代步伐，大部分学生自主性较弱、从众心理较强，教师应多关注时事，了解体育运动项目的最新动态，了解学生讨论的热点。

3. 教学内容安排技能

教学内容安排技能是为实现体育教学目标，根据教学内容编制依据，对教学内容进行排列的一种行为方式。内容包括教学内容安排的原则和教学内容安排的层次与方式。教学内容安排技能是在选择了教学内容并对已选择的教学内容进行改编的基础上对教学内容进行安排的，教学内容安排是否合理，直接影响每阶段教学内容间衔接的连贯性，了解教学内容安排原则是极其重要的。

（1）教学内容安排的原则。

第一，可接受原则。教学内容是根据课程标准、学生身心发展规律及技能形成规律等制定的。在安排相关体育教学内容时，要结合学生的身心发展规律，在他们的能力范围内布置可接受的体育教学内容。例如，将难度较大的教学内容分解，以逐级增加难度的方式排列，使学生在逐步提高技能水平的前提下，逐渐掌握更高难度的运动项目。

第二，巩固提高原则。巩固之前所学内容是对前面知识的复习与检验，让学生更牢固地记住前面所学知识；在巩固的基础上增加所学内容的难度，提高学生能力，才是教学的目的。在安排教学内容时，要根据教学的连贯性，使学生按照一定的客观规律先巩固后提高，而不能只巩固前面所学内容而停滞不前，也不能一味地增加难度，拔苗助长，只有将巩固与提高相结合，才能使学生的技能学习效果最大化。

第三，健康发展原则。以学生健康发展为中心，科学有效地安排教学时间，避免出现运动损伤等事故，是体育教学安排要遵循的重要原则之一，也是学校体育的首要准则。为了增强学生身体素质，培养学生良好的道德和意志品质，促进学生的身心健康，体育教学内容的安排必须以此为原则。

第四，因地制宜原则。体育教学内容绝不是随意安排的，需要综合考虑多方面因素。要根据学校所处地区特征及学校特色等多因素安排教学内容，让学生在有限的条件下尽可能多地获取知识。这就要求根据当时情境，配合场地的布置和器材的摆放，因地、因时制宜，有效合理地安排教学内容。

（2）体育教学内容的安排。

第一，体育教学内容安排类型。按照教学内容不同类别与等级的层次，可以分为教材与参考书、教学计划、课堂学习内容；按照教学内容组织者及其制定者，可以分为国家与学校、专家与研究院、体育教师与学生；按照教学内容在不同层面的作用类型，可以分为宏观指导、具体指导、实践操作；按照教学内容的要求类别，可以分为必学内容、选学内容、介绍内容；按照技术与技能的发展，可以分为接触与感受、体会与认知及掌握、熟练与发展。根据课程标准，不同教学内容的安排类型能使教学更清晰。

通过熟练运用教学内容安排技能，使体育教师更了解教学内容的出发点，更明确重、难点，从而提高教学效率。虽然教学内容类型很多，本书主要是针对教学计划中教学内容的编制。

第二，体育教学内容排列方式。体育教学内容排列方式主要有直线式排列、螺旋式排列和混合型排列。直线式排列是指已教授的教材基本上不再重复排列。螺旋式排列是指同类教材在各年级反复出现，但逐年提高要求的排列。体育教学内容排列的问题离不开体育教学内容层次。据此，有学者提出了“循环周期”的观点，并且就“循环周期”将除体育知识外的体育教学内容分为“精教类”教学内容，归为充实螺旋式；“简教类”教学内容，归为充实直线式；“介绍类”教学内容，归为单薄直线式；“锻炼类”教学内容，归为单薄螺旋式。例如，田径项目在不同的学段，其教学内容和教学要求均不同。

二、教学内容编制技能训练的过程与要求

体育教学内容题材丰富，影响因素较多，编制体育教学内容存在一定的难度。既有来自教学目标、教学内容选编方面的影响因素，又有来自学生特征和客观条件方面的影响因素。在诸多因素影响下，如何对教学内容进行选择、改编与安排显得尤为重要。

（一）教学内容编制技能训练的过程

教学内容编制技能训练的过程包括确定教学目标、编制教学内容、教学内容编制的评价与反馈。教学目标确定内容编制的方向；教学内容的编制由选择、改编和安排相辅相成；教学内容编制的评价与反馈可以检验所编制的教学内容是否合理有效。

1. 确定教学目标

确定教学目标是教学内容编制技能训练的起点，只有学会如何确定教学目标，才能准确把握教学内容的方向和细则，初步形成教学内容编制技能。体育教学目标是总目标，由水平教学目标、学年教学目标、学期教学

目标、单元教学目标和课时教学目标构成，是体育教学预期达到的最终结果，发挥着引领内容的作用。不同水平段、学年、学期、单元或课时，教学目标也不同，应该掌握教育学、心理学和生理学等方面的知识，根据学生身心发展规律，依据新课标要求，科学合理地确定教学目标。

2. 编制教学内容

编制教学内容的训练包括教学内容的选择、改编和安排。教学内容选择技能的训练要尽可能多地涉猎不同运动项目，翔实了解运动项目的特征、规律和技术规格等详细信息，结合学生的身心特征，有针对性、有目的性地进行筛选；教学内容改编技能的训练要在选择技能的基础上，运用多学科、跨学科的知识，将不同运动项目的规则、器材、场地等混合搭配，富有创新意识的同时，也必须合情合理；教学内容安排技能的训练要与教学实际相结合，把握全局的同时兼顾细节，既要统筹水平、年级、学期的长期教学内容，又要考虑单元、课时的短期教学内容的统整与搭配，符合学生身心成长和认知规律。

3. 教学内容编制的评价与反馈

评价编制的教学内容分为两部分。一部分是通过专家、同行进行评价。有关体育教学方面的专家一般都是经过多年研究体育教学，有了一定的知识积累，在某个领域有自己独到的见解，他们的意见可以为教学内容编制增添光彩。同行指教学一线的体育教师，他们直接接触学生，通过课堂教学能够获得直接教学经验，为教学内容编制提供实践经验。另一部分是通过学生评价，经过学习实践评价教学内容。学生是体育教学内容的体验者，他们对于体育教学内容的适应程度直接反映了教学内容的合理程度。

体育教学内容编制训练必须经过几轮的反馈调节，根据专家、同行的意见及学生的反应作出恰当的判断，然后进行教学内容的调整，如此循环反复才能不断提高编制教学内容的效果，形成体育教学内容编制技能。

（二）教学内容编制技能训练的要求

1. 紧扣教学目标，合理编制教学内容

新的体育与健康课程标准提出了课程的总目标和具体目标，构建了本门课程学习的目标体系，而对完成课程目标所必需的教学内容只给出了一个大致范围，为教学内容和方法的选择留出了足够的空间。在进行教学内容编制训练时，要把握“目标统领内容”的要义，时刻紧扣教学目标，不能偏离。

合理编制教学内容必须重视其内在的逻辑性。教学内容内部不是毫无章法的，这种内在的逻辑联系要求在进行教学内容编制训练时考虑方方面面的关系。教学内容的编制训练离不开对教学目标的理解和把握，无论是从整体到部分、一般到个别，都需要结合教学目标实现教学内容的编制；选择教学内容时要依据课程标准与教材、各阶段目标、教师与学生、教学环境、社会与生活，再根据现有的资源进行改编，最后遵循由低到高、由易到难、由简到繁等规律安排教学内容。在进行教学内容编制技能训练时，要遵循教学内容的逻辑性，合理编制教学内容。

2. 结合学生身心特征，科学选择教学内容

体育教学内容的选择是为了更好地将前人的经验技能传授给学生，让学生掌握锻炼身体的方法，提高生活情趣，学会思考，培养艰苦奋斗的意志。教学内容的筛选不仅要结合学生的心理特征，还要兼顾教学技能的形成规律。体育学科不同于其他学科，它的基本手段是身体练习，更加注重人体的感知技能和操作技能，在感知技能的形成过程中经历了选择适应阶段、理解加工阶段和巩固成长阶段，在操作技能的形成过程中经历了定向阶段、模仿阶段、联合阶段和自动化阶段，在编制教学内容时结合学生的身心特征，能使教学内容发挥促进感知技能和操作技能最大限度发展的作用。

3. 利用已有经验，改编现有教学内容

经过多年的体育教学理论学习及实践，大多数教育者都具备了一定的

教学经验和理念，对于体育教学实践具有宝贵的借鉴价值。随着时代的发展，许多教学内容不再适合当地的教学环境，应将其进行改编和整合，使其生活化和现代化。许多新运动项目和游戏的出现正是体育教学内容改编技能的运用。例如，将传统的中长跑教学改成八卦阵跑，增加学生学习的兴趣，增强教学趣味性，让学生乐于锻炼，提高了教学效果。不仅如此，还有利用环境、器械、规则等的变动来改编教学内容，从而使教学内容更符合教学和时代的要求。没有足球场的学校将篮球场利用起来，改编成迷你足球；跳高项目，将横杆换成橡皮筋，减少了学生的恐惧心理，同时降低了学习难度；篮球比赛中，以每队的投篮命中率、传球率和配合程度等来判定输赢……这些都是体育教师利用已有经验改变现有教学内容的典型事例。在日常的学习生活和教学实践中，总结经验教训、反思过程效果，是形成教学内容改编技能的重要手段。

4. 灵活运用编制方法，有效安排教学内容

教学内容编制技能训练必须灵活运用编制方法，在选择和改编的基础上合理安排，使教学内容“活”起来。灵活运用编制方法体现在不拘泥于形式，破旧立新，大胆选用民俗、民族和新兴运动项目，敢于尝试改造固有的教学内容，在安排教学内容时混合搭配、不拘一格。

合理有效地安排教学内容，能起到事半功倍的效果。教学内容安排技能训练要求将具有新旧、难易、繁简等不同特色的教学内容科学搭配，既重视教学内容之间的相互协同，又注重其内部规律和逻辑性，既重视整体布局，又注重细节设计。例如，在安排学期计划时，既要考虑新课标、教材和水平的全局目标及教学内容编排，又要细化到单元、课时的教学内容分配，使整体的教学内容被合理地分派到单元和课时中，有的放矢地完成课时教学内容，达成学期教学目标。

5. 注重反馈与调节，整体评价编制的教学内容

教学内容编制是一个反复修改的过程，仅根据以往经验或参照他人个案而完成的教学内容编制具有片面性。将编制完成的教学内容通过集体备

课或微格教学等教学手段，让其他体育教师或专家进行品评，然后反馈意见，提出建议，调整教学内容，再次对教学内容进行编制，才会收到较好的效果。通过试教的形式，即经过教学技能大赛观看学生的反应，考察教学效果，也是对教学内容编制的一种评价和反馈。只有不断地修改所编制教学内容，效果才会越来越好。

对于教学内容的评价是多方面的，不仅要看目标达成程度，还要看是否符合学生的身心发展规律，是否具有教学意义和锻炼价值，是否结合生活与时代的发展等。只有对教学内容编制进行整体评价，才更有利于教学内容编制技能的提高。

第二节　学习指导技能

学习指导技能是依据体育课教学活动分类所要求的体育教学技能之一，主要是指体育教师根据体育教学的目标与要求有针对性地进行系统、合理指导学生的教学行为，目的是提高学习效率，激发学习动机。在体育教学中，学习指导是体育教师完成教学指导任务的重要手段和技巧，同时是教学活动的重要组成部分，是体育教师必备技能之一。

通过本节的学习，将了解学习指导技能在体育教学中的优势作用和特征，懂得体育教学学习指导技能的应用范围，明确学习指导技能在体育教学中的重要地位，掌握内容讲解、问题引导、活动提示、身体示范、媒介展示和效果评价等学习指导技能在教学实践中的运用。

一、学习指导技能概述

体育教学的学习指导技能是教师根据体育教学内容特征和学生学习需要，在一定的教学规则下，有计划、有技巧、有步骤地顺利完成对学生学习指导的行为方式。学习指导技能主要包括内容讲解、活动提示、问题导引、身体示范、媒体展示和效果评价等多种技能。体育教学学习指导技能的合理运用能有效促进学生学习动机的激发与培养、主导课程的进程、发现与解决学习中存在的问题、促进师生的互动、提高课堂的教学效率。

（一）学习指导技能的作用

1. 有利于培养和激发学习动机

学习动机的培养和激发是多种因素共同作用的结果，其中教师的学习指导技能是重要因素之一。教师根据教学内容的特征及学生的身心特征，选择合适的指导方法，往往可以有效提高学生的积极性，使学生在学习过程中保持高度自觉的能动状态。学习指导技能对于学习动机的激发主要表现在两个方面：一是有利于原有学习动机的迁移，如根据教学内容的特征采用合理的导入方式，可以提高学生的学习积极性，从而产生深层次学习的需要。二是有利于学习自觉性的形成，产生深入学习的动机。教师可以因人而异地安排体育教学内容的学习指导方向，根据学生的特征引导教学活动的开展，进一步激发学生的学习兴趣和热情。

2. 有利于主导课程进程

课程进度需要多种因素共同推进，课堂教学是主要因素之一，而课堂教学的推进离不开学习指导技能的合理运用。在课堂教学中，通过合理的内容讲解、问题引导、活动提示、身体示范等多种学习指导技能，传授知识与技术，使学生快速掌握所要学习的内容。这样不仅可以提高课堂的教学质量，还能按照既有课程进度计划不断推进体育教学。体育教学的学习指导技能会直接影响课程的进程，强化体育教学所需要的各项基本技能的学习有利于主导课程的进程。

3. 有利于发现和解决学习中存在的问题

体育是一种身体实践的过程，教学过程必然有其特殊性，不同的教学内容的特征又有所差异，这就对教师发现和解决学习中存在问题的能力提出了更高的要求。教师在教学过程中会遇到各种各样的问题，如学生不能掌握所教授内容等，良好的学习指导技能可以使教师迅速发现这些问题，并且从学习指导的角度找到解决的方法。体育教师应在掌握运动生理学、运动训练学、人体解剖学、运动心理学和学校体育学等专业学科扎实理论与实践的基础上，总结、提炼适合当前学校体育教学所需的学习教学技能，以便更快、更准确地发现并帮助学生解决学习中碰到的问题。

4. 有利于促进师生互动，提高课堂教学效率

教学是一个师生双方思想、情感和知识的交流互动过程，而且这种良好的师生互动可以有效提高课堂的教学效率。体育技术动作学习与其他知识相比有其独特性，在掌握的过程中，学生除了受到身体素质等因素的影响外，心理因素也会对技能的学习产生深刻的影响。通过选择科学合理的学习指导方法，增加师生之间的互动，可以在一定程度上消弭这些因素，从而激发学生的学习动机，提高课堂教学效率。

5. 有利于课堂效果的及时评价反馈

课堂效果的评价反馈既是提高课堂时效的有效途径，也是推动教师及时修正教学方式、提高教学效率的有效手段。对于课堂中学生学习的动机、态度、效果，需要教师利用不同的指导技能去测试对比，从而选择最能提升课堂效果的指导方法。教师在运用不同的学习指导技能时就是一个课堂信息的反馈过程，同时是教学课堂效果的反馈过程。在评价反馈中，科学的学习指导技能对反馈时机、评价方式等都会产生积极的影响。

（二）体育教学学习指导技能的特征

1. 目的性

体育教学技能的运用是有目的的，体育课程的教学与学习也是一个有明确教学目标指导的过程。在达成教学目标的过程中，体育教师需要根据课堂教学目标、教学内容、学生身心特征等，科学合理地运用学习指导技能，明确不同教学环节与整个教学计划之间的联系，有目的地选择使用有利于教学计划完成的学习指导技能。

2. 针对性

学习指导技能包含内容讲解、问题引导、活动提示、身体示范等多种

技能，每一种技能在课堂教学中都会表现不同的效用。教师在进行学习指导时，应根据自身经验，针对学生的课堂表现，有针对性地进行指导。此外，体育教学一般是依托体育项目开展的，而不同项目之间有着不同的项目特征和学习规律。在运用教学技能时，必须根据不同教学内容的特征和学习规律，针对不同的教学目标、重点、难点选择合适的学习指导技能，从而最大限度地提高课堂教学效率。

3. 差异性

学习指导技能的差异性主要来源于两个方面：一是教学内容的差异性及学生个体的差异性会促使体育教师选择不同的学习指导方法；二是教师知识结构的不同又会导致对体育教学内容、教学过程等的理解有所差异，这种差异是被允许的，而且是教学创新的起点。从这两个方面讲，差异性是学习指导技能的基本特征之一。

4. 经验性

经验是指在实践中获得的知识或技能，体育教学学习指导技能是教师通过初期学习后，在长期的教学实践中得到锤炼和提升的技能。在实际的教学中，同样的技术动作在经验丰富的老教师与年轻教师的课程中可以产生完全不同的教学效果，造成这种差异的原因之一就是学习指导技能的不同。体育教师需要经过长期的教学积累与总结，把握所涉及的教学项目的技术要点、技术细节等，从而运用合理的学习指导技能指导学生学习。

5. 直观性

体育学理论与技能的学习都必须以人体完成技术动作为基础，教与学都具有很强的直观性。在体育教育过程中，单个技术运动的完成，技术与技术之间的连贯、流畅都需要直观的体现。在体育教学过程中，教师要善于利用直观的教学手段引导学生感知的形成，如示范讲解法、多媒体的运用等，都体现了学习指导技能的直观性。

6. 有效性

让学生掌握所学内容、完成教学目标是学习指导技能运用的最终目的，也是选择学习指导技能的基本要求。针对不同的教学内容，教师可以选择运用不同的学习指导技能完成教学目标，取得良好的课堂效果。学习指导技能必须是有效的，这是作为技能的内在要求。

（三）体育教学学习指导技能的内容

学习指导是针对学生整个学习过程的，在体育教学过程中，要针对每个部分的教学内容、性质和特征的不同需要运用不同的学习指导技能。

1. 内容讲解技能

体育教学活动中最重要、最常用的工具之一就是内容的讲解，教师利用语言这一工具，不但可以正确有效地把知识（信息）传递给学生，初步帮助学生建立动作表象，让学生知道要学习什么、该怎么学，最大限度地调动学生学习的主动性，还可以充分发挥教师个人的创造性。体育教师运用讲解分析描绘的动作图像将会在学生的脑中形成初步的印象，这种印象将会在学生后续的技术学习中引导学生完成技术练习，从而为整个技术动作的掌握奠定基础，这也是内容讲解技能的重点和所要达到的目的。内容讲解技能不但要求教师对教学内容进行深刻的理解与认识，更是展现教师教学能力的关键技能。内容讲解一定要注意要点准确、清晰，语言生动、简明扼要。

2. 活动提示技能

学生的学习过程是一个需要教师科学引导的过程，在体育教学过程中，活动提示是引导的重要方法之一。技术动作的形成规律决定了学生在技术动作学习初期会出现技术要点不清晰、技术动作不稳定等现象，这就要求教师在学生练习的过程中做好活动提示，让学生根据任务结合提示进行思考，促进学生开展自我动作思考，强化技术动作概念。活动提示技能注重学习前和学生练习中的提示而非学习后的纠正。体育教师应该多次重复、及时经常地安排教学活动提示，提示重点要放在技术动作的要点上，切忌使用“注意用力”“动作要协调”等没有明确提示意义的语言。常用的提示方法有语言提示、标志物提示、限制物提示、动作提示和音乐提示等。

3. 身体示范技能

身体示范技能是教师或学生在教学实践中熟练示范自己运动技能水平的行为方式，是体育教师职业技能之一。在进行技术运动教学时，身体示范技能可帮助学生建立技术动作表象。对于结构简单的技术动作，可以采用完整示范的方式；对于结构复杂的技术动作，可以采取分解动作示范的方式，帮助学生从简到难逐步掌握技术动作，扎实技术动作学习的基础，增强学生对技术动作分层的了解。在进行身体示范时，还要注意示范队形、示范面、示范线路、示范位置、示范速度和示范类型的选择。

4. 媒介演示技能

随着多媒体等技术的发展，将计算机、互联网等媒介应用到体育教学中已成为必然。因此，教师媒介演示技能在一定程度上也会影响课堂效果。其主要的技能包括教学硬件设施的使用技能、教学软件的使用技能及利用网络搜集、处理信息的技能。常见的多媒体硬件设备主要包括投影仪、大屏幕、视频展示台、多媒体计算机、DVD、录像机和音响等；常见的软件主要包括 PowerPoint、Flash 等，在传统的体育教学中使用较少，但是现代体育教师应该注重利用这些软件向学生展示、分析技术动作完成的过程，使学生可以利用自己的各种感官直接感知技术动作。搜集、处理与应用信息的技能是 2004 年教育部颁布的《中小学教师教育技术能力标准（试行）》中提出的必须具备的基本技能，在技能训练过程中不可忽略。

5. 效果评价技能

学习效果评价是对教学效果的有效检验，也是对教学内容的强化。在课堂教学中，教师必须对学生的学习情况进行评价，从而提升学生的主观能动性。评价内容、评价标准、评价方式是效果评价技能形成的关键。就评价的内容来讲，主要是依托教学内容对学生技术动作的掌握情况、学习态度、课堂效果等进行评价；就评价的标准来讲，主要以鼓励学生、激发学生学习兴趣为主，可以根据学生的整体学习效果制定评价标准；就评价的方式来讲，可以采取定量评价与定性评价相结合的方式，同时注重评价主体的多元化，如采取学生自评、学生互评、师生互评等形式。

二、学习指导技能的训练过程与要求

学习指导技能主要体现了新课改中以“教师为主导”“学生为主体”的原则，教什么、怎么教、如何教是学习指导技能要解决的核心问题。本部分的主要内容为体育教学学习指导技能的训练过程及要求，明确训练过程的内容及完成训练过程需注意的基本原则与要求，并且通过实际案例分析如何开展学习指导技能的训练。

（一）学习指导技能训练的过程

学习指导技能的提高必须明确教材内容与目标，采用恰当的教学方法、手段及教具，有效教学评价等。明确教材内容与目标是该项技能训练的前提与核心，根据教学对象采用恰当的教学方法、手段和器材是该技能训练的重要内容，有效教学评价则是检验教学效果与教师学习指导技能掌握程度的必要手段。根据教学目标、内容、对象采用的不同教学方法的搭配组合是学习指导技能训练的主要内容。

1. 明确教学目标、内容

体育课程的教学目标分为总目标与分目标。分目标可以按教学的时间分成课目标、周目标、学期目标、学年目标，也可以按教学的内容分为技术实践课程目标、技术实践课程不同水平目标、体育理论课程目标、体育理论课程不同水平目标等。不同的教学目标涵盖了多项与之相关的教学内容。教学目标与教学内容是完成学习指导技能训练的前提，明确教学目标、教学内容才能有序地开展学习指导技能的训练。

2. 了解学生的身心特征

学习指导的对象是学生，学习指导技能的运用必须以学生的身心特征为基础，在训练过程中要做好学情分析。学情分析是教学准备中的重要部分，教学对象的身体素质特征和心理特征是完成学习技能训练的一项重要内容。只有对学生的身心特征了如指掌，才能有针对性地运用学习指导技能。在此环节中，应该掌握多种身体素质与心理特征的分析方法与方式，如目测法、简易体能摸底测试法等，以此作为教学方法选择、学习指导技能运用的依据。

3. 灵活运用不同的教学方法

体育教学经过多年的发展已经确定了一些普遍适用的教学方法与原则，如常见的教学方法有分解法、完整法、循序渐进法等；常见的教学原则有因人而异原则、整体与统一原则、适宜负荷原则等。每一位体育教师都应根据教学目标、内容、对象的情况，在教学基本原则的基础上，结合自身对教学过程的理解，尝试创新更多的教学手段与方法。这些创新的教学方法的尝试与诞生是“教学有法、教无定法”的表现，也是学习指导技能训练过程中需要重点分析、完成的内容。根据不同项目、不同技术水平、不同教学目的变换不同教学方法是必要的训练过程之一。

4. 重视教学评价环节

教学方法、教具的不同组合与教学对象、教学评价之间是循环促进、相互影响的关系。其中，教学评价会对方法使用的效果等进行评价，在训练过程中应根据评价的结果调整教学方法、教具的组织，体现了学习指导技能需要及时调整、及时更新的特征。此外，教学评价不但为学习指导技能训练过程中的教师自我调整提供了外部促动更新的必要手段，更为教学技能的运用与创新提供了第三方的客观评价。教学手段的创新需要及时性，同时需要系统性。任何手段创新的目的都是为了完成教学目标，而不是为了创新而创新。技能训练过程中不能忽视教学评价环节。

5. 记录、总结自我训练过程

记录和总结是反思训练过程、反馈训练效果的必要手段。在训练过程中，针对每一环节进行自我记录或由他人记录，对出现的问题、有待提高的部分进行重点标记，在训练结束后进行深入总结，并且根据总结的情况有针对性地进行训练，可以有效提高技能训练的效率，提升训练效果。学习指导技能训练的自我记录与总结是训练过程不可或缺的环节之一。

（二）学习指导技能训练的要求

学习指导技能涵盖内容讲解、问题引导、活动提示、身体示范、媒介演示和效果评价等多种技能，在训练时，除了要使用合理的训练方法外，还要满足一些基本的训练要求，有效提升训练效果。

1. 理解通透，表达清晰

良好的语言表达能力是保障课程效果的首要因素，也是体育教师需要不断提高的教学指导技能。在体育教学过程中，教师应对所授内容理解通透并能用语言清晰地进行表述，这是对体育教师教学能力的基本要求。特别在体育教学中，要熟悉课程标准对课程的要求与内容，结合学生的实际情况制定详细的讲解教案，采用通俗易懂、精练到位的语言在教学中进行讲解。在学习指导技能的训练中，要注意理解能力和语言表达能力的训练，如传授性、正误示范性、激励性等相关用语的使用。

2. 标准示范，准确美观

体育教学不同于其他学科的教学，要求体育教师不但拥有丰富的体育科学知识，更需要体育教师示范符合各个运动项目的标准动作，并且在标准的基础上力求美观。良好的身体素质与运动技能基础是标准示范的基础与前提，在技能训练过程中要不断夯实运动技能基础，并且能根据标准示范的要求，将技术能力转化为示范能力。

3. 尊重个体，区别对待

鲜明的个性是新时代学生的显著特征，个性的差异又产生了不同的学习需求，这就要求在课堂教学中运用学习指导技能时要从学生个体出发，区别对待。体育教学是一项特殊的教学活动，学生个体在心理、智力、身体素质上的差异会直接影响学生的学习体会。在教学技能训练过程中，应加强分析个体能力，做好区别对待，从深入观察分析出发，根据学生的不同特征，学会运用科学合理的学习指导技能激发学生的学习动机，这是完成学习指导技能训练的基本训练，也是实现学生自主学习目标的起点。

4. 熟操媒介，多元创新

当今互联网技术的发展和运用已经渗透到教育领域，熟练地多媒体操作技术已成为对新时代教师的基本要求。多媒体教学技能不仅要求教师具备传统环境下运用系统方法分析教学问题、确定教学目标、建立解决教学问题的策略方案，更要求教师具备设计多媒体教学活动的技能，合理利用计算机等多媒体设备和技术进行多元创新。在教学技能训练过程中，应注重加强多媒体技术的训练，包括对常见多媒体教学硬件、软件的使用及利用网络搜集、处理和应用信息的能力。

5. 注重反馈，及时纠错

反馈对于技能的习得很重要，学习指导每一种技能既有联系又有区别，在掌握过程中难免会出现各部分交叉混乱的现象，容易导致在教学过程中降低学生学习的效率。在技能训练过程中，要注重技能训练效果的反馈，在此基础上，结合评价，及时纠错。

第三节　活动组织技能

活动组织技能是指根据教学内容、学生特征和环境条件等要素，组织与引导学生开展教学活动，从而高效实现体育教学目标的一种行为方式。活动组织技能是教师安排协调、组织实施、调动利用的能力，具有操作性、安全性、灵活性、规范性、有效性和严谨性等特征。活动组织技能包括课堂常规贯彻技能、活动分组实施技能、队列队形调动技能、场地器材使用技能等。通过本节的学习，有助于学生了解体育教学中活动组织技能训练的作用和特征，掌握活动组织技能训练的基本原则和要求，学会活动组织技能训练的方法，并且能在体育教学实践中灵活运用。

一、活动组织技能概述

体育教学是在一定的时间和空间范围内进行的动态活动过程，时空范围是相对固定和有限的，因而体育教学活动组织工作要确保高效、顺利进行就必须经过精心的准备和设计，还要随机应变、灵活掌控。活动组织工作比较复杂，贯穿课堂教学的始终，所以活动组织技能是兼具严谨思考和实践操作的技能。

（一）活动组织技能的作用

1. 激发学习兴趣，形成学习动机

采用多种活动组织形式是激发学生兴趣、形成学习动机的必要条件之一。在体育教学中，教师根据活动场地和器械、教学内容和学生情况，采用不同的活动、分组形式、器材等，可以调动学生学习的积极性，使他们兴致盎然地参与体育教学活动。例如，通过发挥体育骨干的作用，让他们参与管理，示范练习，帮助后进的学生纠正错误动作等，使每个学生各尽所能，从而激发学习动机，真正体会体育给他们的学习生活带来的身心愉悦。

2. 创造良好的课堂氛围

课堂氛围是整个班级在课堂上情绪和情感状态的表现，只有积极的课堂氛围，才符合学生求知的心理特征，只有师生之间、同学之间的关系融洽和谐，才能促进学生的学习和思维的发展。生动活泼的课堂氛围会使学生的大脑处于亢奋状态，易于全身心地投入体育活动中，减少突发状况的伤害。活动组织技能可以通过教学活动转换、组织分组变换等方法，创造良好的课堂氛围，以调节学生的学习情绪，减轻心理负荷，激发学生最大的学习热情，营造更加轻松和谐的教学氛围，从而提高教学质量。例如，在篮球教学中，最初可采用随机分组进行教学比赛，观察学生们的技战术水平，再利用异质分组使高水平和低水平的同学配合组队、互帮互助，让每位同学都能最大限度地参与其中，然后采用同质分组的形式强强对抗，提高比赛的激烈程度，从而创造紧张、活泼、有序、奋进的课堂氛围。

3. 唤醒和维持学生的注意力

为了有效地组织学生活动，教师必须重视随时唤起学生的注意力，并且尽量使其长时间保持较高水平的集中度。从场地器材的布置、学生活动的队形、活动内容的转换及组织手段等方面，为学生创设一种富有激情、新颖的外界条件，使学生快速明确教学内容与要求，在较短的时间内将身心投入良好的学习状态中。恰当的活动组织技能有利于学生由无意注意向有意注意过渡，以及有意注意习惯的养成，也有助于意志较为薄弱或精神容易涣散的学生借助外因的作用集中注意力。可通过口令提醒、调整分组、规范课堂等方法，维系活而不乱的课堂秩序，起到唤醒和维持学生注意力的作用。

4. 提升体育课堂教学效率

所谓教学效率，是指学生的学习收获与教师、学生的教学活动量在时间尺度上的度量，也是课堂上有效教学时间与实际教学时间的比率，必须以教学目标为依据。提高体育课堂教学效率就是充分利用规定的有效时间，使尽可能多的学生较大限度地掌握和接受所教知识、技术和技能，达到较高的教学目标和良好的教学效果。规划编排组织形式、课堂前后的场地器械布置、课堂常规的严格管理，尽量延长学生练习等有效时间，缩短课堂分组、交替对接等过渡时间，是保证体育课堂教学活动顺利进行的基本措施，也是体育教师必须熟练掌握的活动组织技能，同时决定了一堂体育课的教学效率。

5. 加强教学的应变能力

体育教学的场地比较开放，教学环境相对复杂，干扰因素较多；学生人数较多，而且大部分时间处于运动状态；有些体操或需要持械的运动项目存在较大的危险性等。综合以上原因，教师在组织教学时，除通过精心设计安排尽可能避免运动伤害事故发生外，还必须能够通过活动组织技能的运用，如课堂常规的贯彻、调整分组、队形调动、场地器材利用等，及时纠正学生活动的不良倾向，有效处置安全隐患、处理突发事件，加强教学的应变能力，保证教学活动的顺利进行。

（二）活动组织技能的特征

1. 操作性

活动组织技能是教师组织教学活动能力的体现，只有在体育课堂活动组织实践中应用，才能体现其价值，而且在活动组织技能中队列队形调动的口令、步骤及课堂常规、分组练习、场地器材利用等环节，只有通过不断反复的实际操作练习，才能内化形成技能，在教学实践中应用自如。

2. 安全性

学生的体育学习主要是以身体运动为主，有些在强烈的身心负荷刺激中进行，有些则需要借助器械，具有一定的危险性。活动组织技能的安全性主要是教师在组织户外体育教学活动时，通过合理设计组织形式、及时调整活动安排、布置场地器材等方式，排除隐藏的不安全因素，避免伤害事故发生。

3. 灵活性

体育活动组织技能的灵活性是由体育教学活动的复杂性决定的，同时又为体育教师创造性地开展体育活动组织提供了机会。组织形式灵活多样，活动安排也可以有一定的弹性，相同的教学内容以不同的组织形式施行可能得到意想不到的效果；有时基本按照课前的预设进行，有时会出现各种突发事件，使教学计划不得不根据具体情况做灵活的调整，在这一过程中，需要教师根据当时的情况临时调整心态、修正策略，以便获得最佳效果。

4. 规范性

体育活动组织技能的规范性是教师通过不断练习，逐渐合理地安排教学结构与时间之间的关系，处理好分组与调动之间的接点，协调好课堂的活泼与混乱之间的矛盾，营造一个轻松活跃的学习氛围。体育活动组织技能存在自身的规范和要领，必须严格遵守其实施规律、原则和程序，尤其是课堂常规贯彻、队列队形调动，切勿随心所欲地变更。

5. 有效性

体育教学目标多样，教学内容繁杂，而且教学活动中的学生众多，并且以个体的、积极主动的、形式多变的身体运动在广阔的运动场地进行学习活动，学生活动范围大、人际交往频繁、受外界环境影响大、教学节奏转换快。活动组织技能可有效控制教师、学生双方的活动过程，稳定课堂秩序，高效调配人员和器材，保障教学活动高质量地顺利完成。

6. 严谨性

体育教学内容、种类、形式和影响因素繁多，各要素的相互作用和变化不确定，教师必须预先考虑教学过程的每一个细节和可能发生的意外状况，设计规划每项活动。只有通过活动组织技能的应用，才能保障体育教学顺利进行，既充分调动学生的积极性、保持轻松活跃的学习氛围、合理布局与使用场地器材，又能高效完成教学目标，预防伤害事故的发生。

（三）活动组织技能的内容

活动组织技能多种多样，内容包括课堂常规贯彻技能、活动分组实施技能、队列队形调动技能、场地器材使用技能等。

1. 课堂常规贯彻技能

课堂常规是指在体育课堂教学过程中，师生共同遵守的、保证体育教学工作正常进行的一系列的基本要求。体育教师需要尊重学生的个性特征，加强课堂常规教育，采用教学用语调控好课堂，注重示范引领，辅以惩罚教育，提高和促进课堂常规技能的形成。行之有效的课堂常规有利于加强学生的思想教育，迅速集中学生注意力，建立正常的教学秩序，营造良好的学习氛围，培养学生的组织纪律观念和团队精神等。

（1）课前常规贯彻技能。制订工作计划和教学进度，每节课前要备课和编写教案，了解班级学生的情况和特征；服装整洁适当，精神状态昂扬；提前 15 分钟到达场地，精心布置场地和器材，检查器材的安全性能；检查学生的着装，准备开始上课。

（2）课中常规贯彻技能。准时上课，整理队伍，师生问好，了解出勤和见习情况，特别注意见习生的管理，绝不能忽视、放任不管，可安排适当运动量或观摩、辅助教学工作；宣布教学内容和要求，必要时进行安全和纪律性教育；根据教学内容或实际需要，选择全班教学、分组教学或个别指导的形式，组织形式如无必要，切勿频繁切换，否则会占用有限的教学时间，降低教学效率；结束时，进行课堂小结和讲评，并且安排课后练习的内容及下次课的学习内容，回收器材。

(3) 课后常规贯彻技能。下课后要清理场地，归还器材，及时总结课上的经验教训，根据课堂实施情况，反思教学过程，修改教案，以提升教学效果。

2. 活动分组实施技能

分组教学是按学生的能力、条件、共同爱好和需要等，把一个班分成若干小组，教师以组进行指导的教学活动组织形式。这种教学组织形式既保留了班级教学的长处，又能在一定程度上解决区别对待的问题，可以根据不同特征进行分类指导。在体育分组教学中常用的基本形式有随机分组、同质分组、异质分组和友情分组。活动分组实施技能必须预先设计分组方案、练习时间及调换时机，并且能在课堂教学中执行，也可根据实际情况随时调整分组的类型、人数、练习内容和时间等。

3. 队列队形调动技能

体育课堂教学从开始到结束都离不开队列队形的安排和调动，熟练应用队列队形调动技能有利于师生的教学交流，为学生创造良好的运动氛围，直接关系到体育教学的效率和效果。

(1) 队列队形设计与安排技能。设计与安排的终极目标是为教学活动服务，根据教学内容、活动安排、教学环境等要素，以简便易行、便于调动为原则，恰当选择和设计队列队形；同时，教师应该选择恰当的站位，这样有助于教学指令的传达和兼顾每位学生的活动。

(2) 口令指挥与调控技能。口令是体育教师的基本功，是专业的语言艺术，必须吐字清楚、发音准确、声音洪亮、音调协调和运用娴熟，发挥使学生毋庸置疑、迅速执行的作用。整队、调队等大部分口令已有的固定模式，切勿随意更改，也可根据实际需要组合应用。另外，还要熟练掌握队列队形基本术语，如横队、列、纵队、路、间隔、距离、排头、排尾、基准等。

4. 场地器材使用技能

体育教师必须从安全、科学合理的角度出发布置场地器材，不闲置、不浪费。首先，检查场地器材的安全性，避免在教学过程中出现教学事故；其次，场地器材的布置应有利于学生活动的开展，提高学生的练习密度；再次，根据教学的具体需要，发挥场地器材的最大潜力，创造性地完成学生体育练习与场地器材的有机结合；最后，通过场地器材的布置，彰显运动项目的特色，给学生创造良好的运动环境，激发学生对教学内容产生积极的兴趣。

（1）固定场地器材的使用技能。体育教学所需要的既有足球场、乒乓球场、篮球场、体操馆等，也有固定在体育场地上的足球球门、乒乓球台、篮球投篮架、双杠、单杠、滑梯和铁爬竿等器材。合理利用场地及器材是指场地既不空闲，也不拥挤；固定器材一般立于场地的边缘，使用之前需检查器械的性能和周边环境，排除安全隐患，控制好学生秩序，切勿打闹说笑，灌输安全意识，做到既不空置，又井然有序。

（2）可移动器材的布置和使用技能。器械选择要简洁实用、安全卫生；数量规格清晰，以满足教学需求为准；可移动器材的摆放要尽量向固定器材靠拢，不能占用教学空间；布局合理高效，保证体育教学目标的顺利达成。另外，在保证安全的前提下，可以改变器材的功能和用途，充分发挥其作用。例如，栏架除了可以用来跨栏外，还可以当作球门，也可以作为一些钻跃活动的障碍物；可以将篮球、足球、排球等当作橄榄球来组织比赛和游戏活动。

二、活动组织技能训练的过程与要求

（一）活动组织技能训练的过程

1. 了解活动组织的作用

活动组织的作用是指教师通过协调各种教学因素，组织学生、管理课堂、设计教学环境、引导学生练习，从而有效实现预定的教学目标。体育教学活动主要以集体形式进行，所以自始至终都离不开活动组织的安排和调整。合理的活动组织安排，及时调整活动组织队伍，不仅能建立正常的教学秩序，严密组织教学，而且有利于师生交流，为学生高效的学习和练习创造条件，保证体育教学的效果和质量。

2. 确定活动组织目标

活动组织目标是在体育教学活动中流畅合理地运用活动组织技能，确保课堂氛围活而不乱、教学秩序有条不紊、教学组织层次分明、教学活动顺利开展。务必熟练贯彻课堂常规，活动分组实施得当，符合教学内容和规范要求，队列队形安排和调动达到自动化水平，场地器材使用娴熟恰当，这样才有利于体育教学目标的实现。

3. 掌握活动组织方法

活动组织方法主要体现在体育教学组织形式的选择和运用方面，讲解示范时采用集体组织形式，活动练习时采用分组组织形式，纠错帮扶时采用个别指导等。活动组织形式并不是越丰富越好，要根据教材内容、场地器材和学生的实际情况合理地采用分组教学。分组教学时，应把主要力量放在新授内容的小组；安排教材转换顺序时，应多照顾体弱组和女子组；要选好体育委员或骨干，最好是具有一定体育基础和组织能力的学生担任，让他在课中起到助手的作用。

4. 案例分析和经验总结

案例分析可以使练习者身临其境地感受体育教学的氛围和要求，加强活动组织技能训练的真实感，提高训练的难度，使练习者通过分解他人的教学案例透析活动组织技能的运用逻辑与方式，总结经验，吸取教训，并且思考更多的组织形式以应用到实际教学中；经过及时的经验总结，反思教学过程中课堂常规是否严格贯彻，活动分组安排是否高效灵活，队列队形调动是否合理紧凑，场地器材使用是否安全得当、物尽其用，时常斟酌推敲活动组织运行过程，有助于此技能的快速提升。

（二）活动组织技能训练的要求

在体育教学中，为了让每一位学生都参与到教学活动中来，体育教师必须具备控制课堂、保证课堂良好秩序、指导学生活动的活动组织技能。课前要设计有效的方法；课上要把学生有序地组织起来，安排他们进行形式多样的教学活动；一个教学过程结束后，要有准确的评价和总结，机智灵活地处理突发事件，从而培养学生良好的学习习惯。体育教师要熟练地掌握活动组织技能、提高教学组织能力就必须做到以下六点：

1. 分析课堂伤害事故案例，提高教学组织的重视程度

体育教学是以身体活动为主要手段的双边过程，教学组织中的考虑稍有不周，极易发生损伤类事故，不仅会给学生造成身心伤害，还会严重影响正常教学活动的顺利进行，所以在体育组织教学中要特别注意安全问题。体育教师要不断增强自身的安全意识，对易发生安全事故的教学有预见性，并且采取积极的措施加以防范。例如，徒手练习时，不要安排学生站得太挤；器械练习时，只有先反复强调安全使用器械的步骤后，才能组织学生在安全范围内进行练习；必要时，如进行投掷实心球及体操的单杠、双杠教学时，还应认真设置合理的安全设施和安排正确的保护与帮助，从而保证课堂教学安全有序地进行。

2. 列出布置场地设施的图例并进行评议

合理布局场地器材是上好课和实现教学目标的物质保证。教师在上课前列出布置场地设施的图例，按照上课流程进行评议，能充分利用场地器材，提高场地使用率，并且有利于课堂组织队伍的调动，合理安排练习强度，增加学生练习的次数，提高课堂效率。体育课堂的组织方法与场地的

大小、器材的数量有着直接的关系。体育教师为了达到教学目标，要合理利用现有的场地及器材，精心设计、组织教学。例如，在小场地上同时有几个班上课，可采用“定位法”组织教学；还可以充分利用学校的自然环境和建筑物，采用“顺势法”组织教学；在面积不大的有效活动范围内，可以用循环练习的方法安排分组循环练习；等等。

3. 加强课堂常规、队列队形调动的模拟练习

由于体育教学目标、教学内容、学生人数、学习基础等条件不尽相同，以及教学活动复杂的动态过程中的干扰因素很多，再周密的设计与规划都会遇到变数和意外；另外，教学组织活动是一个完整的教学系统，在前进过程中是由一个个相互联系、前后衔接的环节构成的，其中任何一个环节的活动如果脱离了整体或与整体不协调，就会削弱整体的效果。必须加强活动组织技能训练，尤其是课堂常规、队列队形调动的模拟练习，做到心中有数，才能在实际教学中游刃有余。

4. 掌握教学分组类型，反复实践体验分组及调动过程

学生是学习的主体，只有充分了解并研究学生，包括所教学生的人数、年龄、性别、身体状况、体育基础和生理心理特征、个体差异等，才能合理地进行教学分组；了解并研究学生的具体情况，还有利于体育教师制定或修订科学的、符合学生的、操作性强的体育课堂常规及正确执行教学常规的方法及措施，组织有效的体育教学。分组教学对体育教学组织工作和学生的学习准备要求较高，教师只有反复地实践体验分组及调动队伍，才能提高教学过程的速度与规模，从而提升教学的质量和效果。

5. 观摩优秀课例，提高教学组织技能

观摩优秀体育教学课例是指平时常见的体育公开课、体育优质课、体育汇报课等，是体育教师提高教学组织技能的有效途径和交流平台。从优秀课例中，我们可以了解体育教学的先进理念、体育教学手段和教学技巧、驾驭课的教学组织技能和场地器材的合理布局。因此，在进行体育观摩课“观”的同时，更要进行“摩”，只有观和摩同步了，才能在学习的过程中

体会更深，提高活动组织技能。

6. 积累经验，记录整理，形成自己的教学组织风格

体育课堂的教学组织经验大致体现在队列队形组织与管理、学生（包括班干部、体育骨干及学习小组等）的组织与管理、课堂质量监督与管理、教学效果监督与管理、体育器材管理和伤害事故预防等一系列细节问题。细节决定成败，教育管理方式、方法是否得当，是课堂教学的关键所在。这就要求体育教师不断加强体育专业理论的学习，同时加强教育学、心理学等理论的学习，甚至还要学习掌握管理和交际方面的一些知识和技巧，积累经验，记录整理，形成自己的教学组织风格并运用于体育教学活动中。还要指出的是，体育教师专业素质（包括如语言、示范等方面能力）、道德素养、文化底蕴和个人魅力的提升都直接影响着组织教学经验记录和风格的形成。

教学组织风格的形成不是一蹴而就的，是在不断学习和教学实践中逐步积累提升的。通过在实践中勤学苦练、在教学中深刻反思（课中反思、课后反思、阶段性反思、对话反思和录像反思等）、在培训中发展提高、在竞赛中大胆展示等，可以提升自身的教育教学能力和水平。

第四章

运动训练的生理学基础

运动条件的限制和运动负荷的刺激，以及身体各器官和系统自身的生理和生化特点的影响，人体在运动过程中，其生理机能会发生一系列规律性的变化，并且这种变化从正式比赛或训练前就已经发生，一直持续到运动结束后的一段时间内。按其自然发生的顺序可分为赛前状态、进入工作状态、稳定状态、疲劳及恢复过程五个阶段。研究和掌握各阶段身体机能的变化特点和规律，认识其生理机制和影响因素，对于增强运动训练效果、提高比赛成绩、防止运动损伤和促进全民健身具有重要的意义。

第一节　运动过程中人体机能状态变化的规律

一、赛前状态与准备活动

参加正式比赛或运动训练前身体机能提前动员的两个不同阶段是赛前状态和准备活动。前者是受运动条件刺激而引起人体生理机能发生变化的自然条件反射，后者是人为的有目的进行的身体练习，良好的赛前状态与适宜的准备活动有益于提高人体运动能力，它们都是赢得比赛和实现训练健身的重要过程。

（一）赛前状态（pre-competition state）

参加正式比赛或运动训练前，人体某些器官和系统产生的一系列条件反射性机能变化就是人体赛前状态。赛前状态可发生在比赛前数天、数小时或数分钟，愈临近比赛，表现愈明显，甚至在想象比赛时也会出现赛前状态。良好的赛前状态可预先动员人体相应器官和系统的机能，克服内脏器官的生理惰性，为即将进行的比赛或运动训练做好准备，有利于机体快速进入高水平运动状态。而不良的赛前状态将会对比赛或运动训练造成负面影响。

1. 赛前状态的生理变化

正式比赛或训练的赛前状态表现在心理变化上的反应是体温上升、物质代谢活动加快、内脏器官功能增强及中枢神经系统兴奋性提高等。例如，不少运动员或普通训练者在运动前总会出现心率加快、呼吸频率加快、紧张性出汗及肌肉颤抖等状况。

赛前状态的反应程度与比赛性质、运动员的训练水平、运动员的机能状态及心理素质等因素有关。比赛规模越大，离比赛时间越近，赛前状态反应越明显；运动员情绪紧张、训练水平低、身体机能欠佳、比赛经验不足等也会使赛前状态反应增强。此外，运动强度与赛前机能反应成正比。

2. 赛前状态产生机制

专家学者通常用条件反射学说阐释运动员赛前状态的产生机制。赛场或训练场的机械声、广播声、观众呐喊声及对手和裁判的表现等情况，都会通过感觉器官作用于运动员的大脑皮质，与比赛或运动训练时肌肉活动所引起的生理变化相结合。两者持久而反复地结合，使运动场景的信息变成了条件刺激，尽管在比赛或训练前还没有进行肌肉活动，但只要接触或想到这些刺激，就可产生与运动训练或比赛时相类似的生理反应。

赛前状态是运动场景刺激与肌肉活动多次结合后，在大脑皮质中建立暂时性神经联系的结果，即在大脑皮质的主导下，通过两个信号系统的相互作用建立的条件反射。由于这些生理变化是在日常比赛或训练的自然环境条件下形成的，所以赛前状态的生理机理是自然条件反射。

3. 赛前状态的类型

根据人体生理反应特征，赛前状态可被分为三种类型：起赛冷淡、起赛热症和准备状态。无疑，准备状态是赛前的最佳状态。

第一，起赛冷淡状态。起赛冷淡产生的原因是中枢神经系统过高的持续性兴奋引起超限抑制的结果。起赛冷淡的特点是中枢神经系统兴奋性过低，常表现为情绪低落、全身无力、反应迟钝、对比赛或训练淡漠、主观上不愿意参加比赛或运动训练等现象，从而影响人体运动能力的正常发挥。

第二，起赛热症状态。起赛热症多见于初次参加比赛的年轻运动员和参加特别重大比赛的运动员或心理负担过重的运动员。起赛热症的特点是中枢神经系统兴奋性过高，常表现为精神过度紧张、四肢乏力、全身微微颤抖、寝食不安及尿频等不良反应，使运动员身体机能下降，不能正常发挥运动水平，影响其竞技能力和运动成绩。

第三，准备状态。准备状态是运动员良好的赛前状态表现，多见于优秀运动员。准备状态的特点是中枢神经兴奋性适度提高，自主神经和内脏器官的惰性有所克服，机体机能得到预先动员，有利于缩短进入工作状态的时间，使机体更好地发挥机能水平，以提高运动成绩。

4. 赛前状态的调整

赛前状态适宜的生理变化对提高人体运动能力具有积极的作用，如果其生理变化程度过弱或过强，都有碍运动过程中身体正常生理机能的发挥，影响运动能力。因此，在运动实践中，有必要采取合理的措施调整运动员的不良赛前状态，以增强其运动能力。首先，平时要多组织运动员参加比赛、模拟比赛或观看比赛，适应各种比赛环境，积累比赛经验。其次，不断提高运动员的心理素质，端正比赛态度，正确认识和对待比赛的意义，掌握必要的身心调整方法，增强自控能力，确保情绪稳定。最后，根据运动员赛前状态安排适宜的准备活动。如果运动员过度紧张，可安排一些轻松缓和、节奏感强、强度小、能够转移注意力的活动或练习；如果运动员兴奋性过低，情绪消沉，则可安排一些活跃、强度较大、时间较长、与比赛内容比较接近的练习或活动。除此之外，按摩对消除精神紧张或提高神经中枢的兴奋性也有一定的作用。随时了解运动员的思想状况，加强思想教育和管理，科学安排赛前活动，严格遵守作息制度。

（二）准备活动（warm-up）

在比赛、训练和体育课的基本部分之前进行的身体练习就是准备活动，即热身活动。它的目的是预先动员人体的生理机能，克服内脏器官的生理惰性，缩短进入工作状态的时间，为即将进行的正式比赛和训练做好机能上的准备。

1. 准备活动分类

通常根据不同的目的，准备活动被分为一般性准备活动和专门性准备活动两种形式。在运动实践中，为了提高神经系统的兴奋性，两种准备活动缺一不可。通过完成合理的准备活动，不仅可预先动员内脏器官、骨骼肌的机能，还可强化运动技能，从而缩短进入工作状态的时间，为正式比赛或训练奠定良好的基础。

（1）一般性准备活动。在比赛、训练或体育课前进行的各种走、跳、跑、徒手操、压腿和游戏等身体练习属典型的热身运动。其目的在于提高神经系统的兴奋性、升高体温增强机体的代谢水平和各器官系统的功能及预防运动损伤等。一般性准备活动是指与正式比赛或训练动作结构及生理特点不相似的活动。

（2）专门性准备活动。专门性准备活动则是指与正式比赛或训练的动作结构、节奏及运动强度相似的各种身体练习，如篮球运动员在比赛前进行的上篮跳跃等。专门性准备活动的目的是提高参与运动有关中枢间的协调性，强化动力定型，为正式比赛或训练做好技术和机能的准备。

2. 准备活动的生理机制和作用

（1）准备活动的生理机制。在比赛前进行的各种人为活动被称为准备活动。通过预先进行准备活动，会在神经中枢的相应部位留下兴奋性提高的痕迹。这一痕迹效应能使中枢神经系统在正式比赛时或训练时处于良好的兴奋状态，从而改善神经系统的调节能力，提高内脏器官的机能，增强能量代谢，提高运动成绩等。

（2）准备活动的生理作用：

第一，调整赛前状态。准备活动可有效改善大脑皮质的兴奋状态，提高反应速度，减小不良的赛前反应，使机体在比赛前达到或处于良好的赛前状态，为正式比赛或训练做好机能上的准备。适度的肌肉活动能在中枢神经系统的相关部位留下兴奋性提高的痕迹，在这一痕迹效应的基础上进行正式练习，有利于最佳机能水平的发挥。

第二，提高机体的调节能力。准备活动可适度提高神经系统的兴奋性，以增强参与运动有关中枢间的协调性和内分泌腺的活动，使神经调节与体液调节协同调控全身各脏器的机能活动，确保正式练习或比赛时的生理机能迅速达到适宜状态。

第三，提高肌肉的收缩能力。由于准备活动适度提高了神经系统的兴奋性，从而可使神经冲动的传导速度加快、肌肉的兴奋性增强、肌肉的黏滞性降低，使肌肉的收缩速度加快、收缩力量增大，并且能提高肌肉及韧带的弹性和伸展性，预防运动损伤。

第四，提高机体的有氧工作能力。准备活动可使肺通气量、心排血量加大，氧运输能力增强，心肌和骨骼肌中毛细血管扩张，供血量增加，氧合血红蛋白解离加速，血液释氧变快，有利于工作肌单位时间内摄取更多的氧气，以增强机体进入工作状态阶段时的有氧供能能力，降低血乳酸的产生。

第五，提高机体的散热能力。准备活动时的身体练习可增大皮肤血流量、动员汗腺分泌，有利于机体散热，防止或减小正式比赛或训练时体温过高对机体造成的不良影响。

第六，提高体温和代谢水平。准备活动时的身体练习使机体耗能增加，其能耗一部分供肌肉收缩，另一部分转化为热能导致体温升高。体温的适度升高进而可提高体内代谢酶的活性，加快物质的分解速度，保证运动中肌肉活动的能量供应。

3. 准备活动的生理负荷

准备活动的效果直接受制于准备活动的生理负荷大小，而生理负荷大小的影响因素又包括准备活动及比赛和训练的具体情况。

准备活动的强度及运动量过大往往使机体产生疲劳，降低比赛或训练时的运动能力。通常，一般性准备活动的强度为45％$V0_2max$，心率每分钟100—120次为宜，持续时间为10—30分钟；准备活动结束到正式比赛开始的时间间隔可根据热身痕迹在体内延续的时间长短来确定，通常两者之间的时间间隔不超过15分钟。若准备活动与正式练习之间的时间过长，准备活动的痕迹效应将会消失。实验证明，准备活动后间隔45分钟，其痕迹效应完全消失。

准备活动的内容可因运动项目、训练内容而异。此外，准备活动还受运动员的年龄、训练水平、运动项目、季节气候及赛前状态等因素的影响，如在温暖的季节里，准备活动的时间可适当缩短，而在寒冷的季节里则应适当延长。

二、进入工作状态（entering the working state）

运动开始后人体机能逐步提高的过程被称为进入工作状态。这是因为人体运动初始阶段的运动能力并不能迅速地达到最高水平，也不能即刻施展高水平的运动技能，而是经历一个持续提高的过程。长期的运动训练可提高内脏器官与骨骼肌运动高度协调和配合的能力，缩短进入工作状态的时间，从而使机体能够更快地进入最佳运动状态，提高运动成绩。

（一）进入工作状态的原因

人体运动技能的根本决定因素是人体机能水平的高低，而机能水平从运动前的正常状态上升至运动中的最高水平需要一个过程，它是由人体的生理惰性和物理惰性所决定的。其中，生理惰性是影响进入工作状态的主要因素。

生理惰性是指人体生理机能逐步提高的特性；而物理惰性是指人体由静止到运动或由低速运动到高速运动时所必须克服的惯性。

1. 反射时长

中枢神经系统的控制与整合所实现的反射活动是人体进行各种运动的基础。完成任何一种反射活动，都需要一定的时间。动作越复杂、难度越大，刺激信号通过中枢的时间越长，神经系统各中枢间机能协调所需要的时间也越长，而进入工作状态的时间就越长。

2. 内脏器官的生理惰性

人体运动时，内脏器官必须协调配合肌肉的收缩活动和机体代谢的需要，才有利于发挥机体的运动能力。运动时因肌肉收缩活动的加强而使机体所需氧气和能量供应加大、体内要清除的代谢产物增多，只有内脏器官功能水平的提高，才能满足运动机体代谢的需要。但是，内脏器官受自主神经的支配，而肌肉活动则受躯体运动神经的调节，内脏器官的生理惰性远比运动器官大。

生理惰性产生的原因，首先，与躯体运动神经相比，支配内脏器官的自主神经传导兴奋的速度较慢；其次，兴奋传导途径中突触联系较多，需要较长时间；最后，躯体运动器官的活动主要受神经调节，而内脏器官在产生持续性活动中，神经与体液的调节作用更为重要，即由神经系统调节内分泌腺的活动，后者释放的激素随血液循环到达所支配的器官而改变其功能状态，这一调节过程比单纯的神经调节作用慢得多。因此，在体育运动的开始阶段，内脏器官的动员及其机能水平的提高远远落后于运动器官。内脏器官的生理惰性是进入工作状态滞后的最主要原因。研究表明，在不做准备活动的情况下进行运动，呼吸和循环系统的机能需要在运动开始后2—3 分钟才能达到最高水平，而骨骼肌在 20—30 秒内就可发挥最大工作效率。

（二）进入工作状态的影响因素

运动强度、运动性质、训练水平、赛前状态、准备活动、个人特点及当时的机能状态等因素都决定了进入工作状态所需时间的长短。在适宜运动负荷下，运动强度愈高，进入工作状态的时间愈短。另外，动作愈复杂、活动变换愈频繁，进入工作状态愈慢；训练水平愈高，当时的机能状态愈好，进入工作状态愈快；良好的赛前状态及充分的准备活动能有效地缩短进入工作状态的时间，使机体更快地发挥自身的机能水平和运动能力；场地条件好、气候温暖适宜能激发运动欲望，迅速调动身体机能，及早适应运动的需要。据研究显示，儿童、少年进入工作状态的时间比成年人短。

（三）生理“极点”和“第二次呼吸”

人体在进入工作状态过程中先后出现的两种截然不同的生理反应分别是生理“极点”和“第二次呼吸”。前者是因内脏器官的机能水平不能满足运动器官的需要而出现暂时性的生理机能失衡所致，后者则是通过自身的调整使内脏器官与运动器官在功能上达到了高度的协调与配合，标志着进入工作状态阶段的结束。

1. 生理“极点”及其产生的原因

（1）生理“极点”的概念。在持续较长时间的剧烈运动中，运动开始阶段内脏器官的功能不能满足运动器官的需要，运动者就会产生非常难受的生理反应，这种现象被称为“极点”。极点的反应通常是呼吸困难、胸闷、头晕、肌肉酸软无力、动作迟缓不协调及精神低落等，甚至产生停止运动的念头。

（2）生理“极点”产生的原因。在运动过程中，内脏器官的活动跟不上肌肉活动的需要而出现的人体暂时性的机能紊乱的主要原因是体内氧气供应不足、大量代谢产物在体内堆积、血浆 pH 值下降、内环境发生改变等。这不仅影响了神经肌肉的兴奋性，还反射性地引起呼吸和循环系统的活动紊乱。同时，机能失调的强烈刺激传入大脑皮质，使运动动力定型暂时遭到破坏，运动中枢抑制过程占优势。因此，“极点”出现时，往往表现为动作迟缓、不协调及精神低落等症状。

（3）生理“极点”的影响因素。“极点”现象多出现在中长跑等强度较大、持续时间较长的耐力性运动项目中。“极点”出现的早晚、生理反应程度的强弱及消失的快慢，与运动强度、运动项目、训练水平、赛前状态及准备活动等因素有关。

一般情况下，运动强度越大，训练水平越低，“极点”出现得越早，反应越明显，消失得也越慢；良好的赛前状态及充分的准备活动可预先动员内脏器官的活动，从而推迟“极点”的出现，减弱“极点”的反应度。为了减轻“极点”的反应，“极点”出现时，应采取适当降低运动强度、继续坚持运动、调整呼吸节奏、加深呼气深度等措施。

2. “第二次呼吸”及其产生的原因

（1）“第二次呼吸”的概念。“极点”现象出现后，运动者依靠意志力和调整运动节奏继续坚持运动，不久，这些不良的生理反应便会逐渐减轻或消失，此时呼吸变得均匀自如，心率趋于平稳，动作变得轻松有力，能以较好的机能状态继续运动下去，这种状态被称为“第二次呼吸”。

（2）“第二次呼吸”产生的原因。“第二次呼吸”是运动中机体建立新平衡的一种表现，产生的原因是运动中内脏器官惰性逐步得到克服，氧供应增加，乳酸得到逐步清除；而“极点”出现时，运动强度暂时性下降，使机体需氧量下降、乳酸产生减少，内环境得以改善，动力定型得到恢复。此外，“第二次呼吸”还与人体肾上腺素等运动应激性激素分泌量的增加有密切关系。“第二次呼吸”的出现标志着进入工作状态阶段的结束，机能水平也进入了一个相对稳定的状态。

三、稳定状态（stable state）

进入工作状态阶段结束后的阶段就是稳定状态。此时，人体各器官和系统的机能在一段时间内保持在相对稳定的状态，人体生理机能与运动输出功率保持相对稳定，如心率、心排血量、呼吸频率、每分通气量、摄氧量及血压等均出现相对稳定状态。此时，根据机体对氧气的供求关系，可将稳定状态分为真稳定和假稳定两种。

（一）真稳定状态

在强度小且持续时间长的运动项目中，人体进入工作状态阶段结束后，机体的摄氧量便能满足需氧量的要求，各项生理、生化指标保持相对的稳定状态，这种稳定状态被称为真稳定状态。真稳定状态的特点是摄氧量能够满足需氧量，即摄氧量和需氧量保持动态平衡。

在真稳定状态下，运动中以有氧代谢供能为主，乳酸产生和氧亏情况减少，血液 pH 值变化小，内环境保持相对稳定。此时，肺通气量、心率、血压及其他生理指标均相对稳定，运动持续时间相对较长，可达几十分钟或几小时。可见，真稳定状态保持时间的长短主要取决于呼吸、循环和血液对氧的摄取运输功能及肌肉对氧的利用能力。氧运输系统的功能越强，心肌、骨骼肌利用氧的水平越高，真稳定状态持续的时间就越长。

（二）假稳定状态

在强度大而持续时间长的运动项目中，人体进入工作状态阶段结束后，摄氧量已经达到并稳定在最大摄氧量的水平上，但仍不能满足机体对氧的需要，氧亏值不断增大，无氧酵解供能比例明显增加，乳酸的产生率大于清除率，乳酸堆积，血浆 pH 值下降，这种状态被称为假稳定状态，其特点是需氧量大于最大摄氧量。

在假稳定状态下运动时，与运动有关的生理指标基本达到并稳定在本人的极限水平，但是由于此种状态下无氧代谢供能比例显著增加、乳酸堆积快，造成神经和骨骼肌机能下降，故运动持续时间较短。

（三）“第一拐点”与“第二拐点”

动态数学建模分析法研究表明，人体在持续长时间的运动过程中，心血管和呼吸系统的机能变化表现为两个明显的拐点，即标志进入工作状态的结束、稳定状态开始的“第一拐点”和标志稳定状态结束、人体整体工作效率明显下降、疲劳开始的“第二拐点”。

当运动达到第一拐点时，人体各项机能均处于一种相对稳定的“高原平台”状态。在这种状态下，运动员的生理机能稳定工作时间长，说明运动潜力大、工作能力强，通常以此作为运动选材及功能评定的依据。第二拐点出现时，人体内能量代谢及血液中相关化学物质含量均明显高于第一拐点，即在第二拐点前由有氧供能为主过渡到无氧供能占优势。

到达第二拐点时，人体机能以有氧供能已经不能满足机体对能量的需求，必须启动能量输出更快的无氧代谢供能；第二拐点后，乳酸的堆积明显增加，心肺功能指标也明显高于起始时刻，但并没达到人体生理机能的最高水平。第二拐点是人体机能工作水平再调整的关键点，因为当人体达到第二拐点时，整体工作效率明显下降，机体为保持恒定功率输出须提高机体各机能工作“调定点”，以弥补工作效率下降出现的额外消耗。因此，把第二拐点定义为人体整体机能发生疲劳的起始点，此临界点之后，人体即处于疲劳状态下工作。应用第二拐点到运动终点的时程和积分作为评价运动员耐受疲劳能力的敏感指标。

（四）最大摄氧量平台

20 世纪末，通过对耐力运动员有氧能力的系统研究，提出了最大摄氧量及其持续能力的概念，即最大摄氧量平台持续时间，并且认为这个概念才是真正反映人体有氧能力的重要指标。最大摄氧量平台持续时间是指运动过程中长时间保持高水平最大摄氧量的能力。它反映了人体在不利的代谢环境下其机能调节系统和氧运输系统维持高水平氧供应或最大摄氧量的能力及机体利用氧的综合能力。

在递增负荷测定最大摄氧量的过程中，气体代谢的各项指标均随运动强度的增加而增加。当摄氧水平达到最大摄氧量后，再增加运动强度，摄氧水平不再增加，呈水平状态，而肺通气量和呼吸频率等指标却会继续急剧增大，表明此时体内的代谢性质出现了突变，肺通气量与摄氧水平出现分离。根据摄氧量和肺通气量两条曲线分离的情况，以及摄氧量值与最大摄氧量差值不超过每分钟 150 毫升的原则，确定最大摄氧量平台的持续时间、起点和终点。把最大摄氧量平台开始的运动强度称为最大摄氧量的临界强度，即达到最大摄氧量所需的最低强度。把最大摄氧量平台结束时的运动强度称为最大摄氧量的最高强度。

在运动实践中，用最大摄氧量的临界强度进行耐力训练可能有助于提高最大摄氧量平台的持续时间，从而增强运动员的有氧能力。同时，常把测定最大摄氧量平台持续时间作为有氧耐力运动员选材的一个良好指标。研究发现，最大摄氧量平台持续时间与耐力项目的运动能力密切相关，耐力跑的成绩与最大摄氧量平台持续时间之间相关系数为 $r=0.7$，而最大摄氧量平台持续时间与最大摄氧量之间的相关系数很小（$r=0.3$），表明制约最大摄氧量平台持续时间和最大摄氧量的生理机制是不同的。

心肺功能是制约最大摄氧量平台持续时间最重要的生理机制，主要取决于心脏的泵血、血流动力学和血液携带氧气的能力。同时，外周肌肉代谢能力也与平台持续时间有关，即取决于动静脉氧差和细胞呼吸功能，并且与肌肉内毛细血管网开放数量、毛细血管与组织氧分压差、有关酶活性、线粒体钙代谢能力、骨骼肌纤维类型、肌肉耐酸能力、肌肉清除乳酸的能力、中枢控制有密切关系。此外，无氧供能能力和受试者的意志力也会影响平台持续时间的长短。

研究者还发现，并不是所有的受试者都能出现最大摄氧量平台，有训练者更易出现平台现象，而无训练者在动用最大摄氧能力之前，可能因受其他因素的影响使其达到高度疲劳，在未出现平台前不得不终止实验程序。

第二节　运动性疲劳

运动性疲劳是由运动负荷引起的，表现为机体工作能力暂时性下降的一种正常的生理反应。运动性疲劳既是机体对运动负荷作出的一种必然性反应，同时又是进一步引起机体产生适应性变化的有效刺激。适度的疲劳可以刺激机能水平不断提高，而过度疲劳则可能会造成各种损伤以致损害健康。因此，研究运动性疲劳的发生机制及其检测与评价对于提高运动能力和促进健康有着十分重要的理论意义和实践价值。

一、运动性疲劳概述

（一）运动性疲劳的概念

1982 年，第五届国际运动生物化学会议给出了运动性疲劳定义，即机体生理过程不能持续其机能在某一特定水平上，或者不能维持某一预定的运动强度。除此之外，有些专家学者还将疲劳定义为运动本身引起的机体工作能力暂时降低，经过适当时间休息和调整可以恢复的生理现象。

（二）运动性疲劳的分类

躯体性疲劳和心理性疲劳是运动性疲劳的两种形式。躯体性疲劳主要表现为运动能力的下降，而心理性疲劳主要表现为行为的改变。

运动性疲劳应是身心的综合变化。躯体性疲劳根据疲劳发生的相对部位分为中枢性疲劳和外周性疲劳；根据身体整体与局部分为整体疲劳和局部疲劳；根据身体各器官分为骨骼肌疲劳、心血管疲劳和呼吸系统疲劳等；根据运动方式分为快速疲劳和耐力疲劳；根据疲劳程度分为轻度疲劳、中度疲劳和重度疲劳。

二、运动性疲劳的发生部位

20 世纪末，Edwards 提出了神经—肌肉疲劳链的概念，提出从人体大脑皮质到肌纤维每一个环节存在机能障碍，都会直接导致控制链断裂而降低肌肉收缩能力。此处根据疲劳发生的相对部位分析中枢性疲劳和外周性疲劳。

1. 中枢性疲劳

中枢性疲劳是由运动引起的，发生在从大脑到脊髓运动神经元的神经系统的疲劳，即指由运动引起的中枢神经系统不能产生或维持足够的冲动给予肌肉满足运动所需的现象。导致中枢性运动疲劳发生的主要因素有中枢神经系统能量供应不足、中枢神经递质变化和环境温度的变化。另外，诸如生长因子、乙酰胆碱、乳酸及氨等都可能会导致中枢性疲劳。它们可能通过诱导中枢血清氨基丁酸（GABA）、5-羟色胺（5-HT）及多巴胺（DA）等神经递质的合成和释放发挥作用，也可能与神经递质存在协同作用。

2. 外周性疲劳

神经—肌肉接点、肌细胞膜、兴奋—收缩耦联和肌肉收缩蛋白本身等是外周性疲劳可能发生的部位，而且这些部位中发生的某些变化与运动性疲劳有着密切的联系。

外周性疲劳易发部位一，神经—肌肉接点。肌肉兴奋依赖于终板去极化，乙酰胆碱（Ach）是运动神经末梢把兴奋传向肌肉的神经递质。剧烈运动后，乙酰胆碱释放量减少，可造成神经肌肉的传递障碍，不能引起接点后膜去极化，骨骼肌也不能产生兴奋收缩。研究表明，如在投掷、举重等短时间大强度运动时，导致运动神经末梢乙酰胆碱释放减少，骨骼肌的收缩能力下降。这种状态被称为突触前衰竭。

外周性疲劳易发部位二，肌细胞膜。运动时，骨骼的机械性牵拉和化学性因素会使肌肉细胞膜损伤或通透性改变，引起肌肉收缩能力下降。研究表明，在长时间运动过程中，血浆游离脂肪酸和儿茶酚胺的浓度升高、胰岛素浓度下降、肌细胞失钾、自由基的产生等都可以使细胞膜上钠钾ATP酶（Na^+/K^+-ATP酶）活性下降，从而引起肌细胞膜的通透性改变，使膜的完整性丧失、细胞的正常功能降低或丧失。

外周性疲劳易发部位三，兴奋—收缩耦联。长时间运动引起ATP含量减少，H^+和自由基生成增多，从而引起肌质网钙离子（Ca^{2+}）释放与摄入障碍，进而影响肌肉的兴奋—收缩耦联，导致运动性疲劳。

外周性疲劳易发部位四，肌肉收缩蛋白。肌肉收缩蛋白是肌肉收缩的基础，肌肉收缩蛋白的结构与功能异常必然导致肌肉收缩机能下降。研究发现，运动可引起肌节拉长，H 区消失，Z 线扭曲加宽，A 带、I 带异常及肌丝卷曲、排列混乱等现象，同时伴有肌钙蛋白与 Ca^{2+} 结合力及与原肌凝蛋白的相互作用下降。这些变化必然导致肌肉收缩能力下降，造成骨骼肌疲劳，并且伴有延迟性肌肉酸痛症状。

三、运动性疲劳的产生机理

19 世纪末，运动性疲劳产生的机理成为世界各国学者热衷研究的课题之一。随着生物学的迅猛发展，研究人员对运动性疲劳进行了大量研究，提出了多种假说和理论。但由于运动项目的代谢差异及运动疲劳的复杂性，其产生的机理又不尽相同。目前，运动性疲劳的产生机理主要包括衰竭学说、堵塞学说、内环境稳定性失调学说、保护性抑制学说、分泌调节机能下降学说、突变理论及自由基损伤学说等。

（一）衰竭学说

衰竭学说认为运动性疲劳产生的原因是能源物质的耗竭，尤其是糖原和磷酸肌酸（CP）的消耗。其产生原理是长时间运动产生的疲劳同时常伴有血糖浓度降低，而补充糖后工作能力有一定程度的提高。

1. 糖原含量下降

在进行持续时间长的耐力性运动时，人体内糖原大量消耗，能源物质供应不足，诱发运动性疲劳。例如，人体在做单腿功率自行车运动时，运动腿肌肉至疲劳时糖原含量极度下降，而非运动腿的糖原含量几乎未变。运动时间越长，疲劳症状越明显，糖原消耗也就越多，所以糖原含量与运动性疲劳密切相关。

2. 血糖含量下降

在进行持续时间较长的中等强度运动时，人体主要靠糖的有氧氧化供能，长时间运动可使体内糖类物质大量消耗，血糖浓度下降。

脑细胞对血糖浓度的变化非常敏感，血糖含量下降，直接影响脑细胞的能量供应，造成大脑皮层工作能力下降，身体疲劳。运动实践证实，长时间运动后，血糖浓度下降，伴随着机体出现疲劳症状，当补充糖类物质后，运动能力有所恢复。

3. 磷酸原大量消耗

在进行爆发力强且持续时间短的剧烈运动时，人体内的 ATP 和 CP 含量降低，特别是 CP 含量下降明显，影响了 ATP 的快速再合成。

人体在短时间的剧烈运动时，体内主要依靠 ATP-CP 供能系统。因此，ATP-CP 含量的下降可能是短时间、大强度运动性疲劳的重要原因之一。

（二）堵塞学说

堵塞学说认为人体运动性疲劳的产生是由于某些代谢产物在肌组织中堆积造成的。目前认为引起运动性疲劳的主要代谢产物有氨和乳酸两种。

1. 氨

人体运动时，肌肉收缩产生氨，氨主要来源于氨基酸分解。运动时，体内氨含量升高可触发糖酵解过程，使乳酸含量增加、pH 值下降、氢离子（H^+）浓度升高。由于氨、乳酸之间的密切关系，两者共同作用，使整个身体机能下降。

2. 乳酸

人体运动疲劳时，肌肉中的乳酸增多，乳酸在体内的堆积可通过多种途径造成运动机能下降。一是乳酸解离后可生成 H^+，使肌肉 pH 值下降，抑制糖酵解关键酶，从而抑制糖无氧氧化供能，减少运动时 ATP 的合成，造成能量供应障碍；二是乳酸解离后生成的 H^+ 可与 Ca^{2+} 竞争骨骼肌肌钙蛋白的结合位点，置换肌钙蛋白中的 Ca^{2+}，使兴奋—收缩耦联阻碍肌肉收缩，导致收缩机能下降；三是运动时血乳酸含量升高，降低血液 pH 值，脑细胞对血液酸碱度的变化非常敏感，血液 pH 值下降，可造成脑细胞工作能力下降。

（三）内环境稳定性失调学说

内环境稳定性失调学说认为人体运动性疲劳是由于机体内 pH 值下降、

水盐代谢紊乱和血浆渗透压改变等因素引起的。研究表明，当人体失水占体重5%时，肌肉工作能力下降20%—30%。除此之外，体内离子遭到破坏，也会引起机能运动能力下降而产生运动性疲劳。另外，在高温下作业的工人因泌汗过多而达到不能劳动的严重疲劳时，单单给予饮水仍不能缓解疲劳，但饮用含0.04%—0.14%的氯化钠水溶液可使疲劳有所缓解。

（四）保护性抑制学说

巴甫洛夫学说认为，人体运动性疲劳是由于大脑皮质产生了保护性抑制造成的。运动时，大量冲动传至大脑皮质相应的神经元，使其长时间兴奋导致耗能增多，为避免进一步消耗，便产生了抑制过程，这对大脑皮质有保护性作用。

1972年，贝柯夫经研究发现，狗拉载重小车行走30—60分钟产生疲劳时，一些条件反射显著减少，不巩固的条件反射完全消失。1971年，雅科甫列夫发现，小鼠在进行长达10小时的工作引起严重疲劳时，大脑皮质中γ-氨基丁酸水平明显增加，该物质是中枢抑制递质。

此外，血糖下降、缺氧、pH值下降、盐丢失和渗透压升高等状况，也会促使大脑皮质神经元工作能力下降，进而导致疲劳的产生和发展。

（五）分泌调节机能下降学说

分泌调节机能下降学说认为运动性疲劳的产生机制是由于机体内分泌调节机能下降，影响了物质代谢和能量代谢，导致机体的运动能力下降。运动应激引起疲劳时，机体内分泌调节功能受影响；在长时间运动中，运动负荷强度和运动量过大时，使皮质醇分泌持续增加，对机体的下丘脑—垂体—性腺轴有广泛的抑制作用，对免疫系统也起抑制作用。这种抑制会导致机体兴奋度下降、运动能力降低，从而引起运动性疲劳。

（六）突变学说

1982年，爱德华兹从肌肉疲劳时能量消耗、肌力下降和兴奋性改变三维空间关系的角度出发，提出了肌肉疲劳的突变理论，认为疲劳是由运动过程中三维空间关系改变所致。

在疲劳的发展过程中，存在着不同途径的逐渐衰减突变的过程。其主要途径：一是单纯的能量消耗。只有能量的大量消耗，不存在肌肉兴奋性的衰减。该途径如果继续下去，将造成肌肉 ATP 的极度消耗并使肌肉僵直，但在运动性疲劳中一般不会发展到这种程度。二是在能量消耗和兴奋性衰减过程中，存在一个急剧下降的突变峰，由于兴奋性突然急剧下降，可以减少能量储备的进一步消耗，但同时伴随着肌肉力量和输出功率的突然下降，表现为肌肉疲劳，这也是疲劳突变理论的主要内容。三是肌肉能源物质逐渐消耗，兴奋性下降，但这种变化是渐进的，并未发生突变。四是单纯的兴奋性丧失，不包括肌肉能量的大量消耗。

（七）自由基损伤学说

自由基是指外层电子轨道含有未配对电子的基团，主要包括氧自由基、羟自由基等物质。在细胞内，线粒体、内质网、细胞核、质膜和胞液中都可以产生自由基。由于自由基化学性活泼，可与机体内糖类、蛋白质、核酸及脂类等物质发生反应，因而造成细胞功能和结构的损伤与破坏。

进行激烈运动时，由于肌纤维膜破裂、内质网膜变性，使血清过氧化脂质（LPO）水平增高。LPO 不仅对调节 Ca^{2+}-ATP 酶产生影响，造成胞浆中 Ca^{2+} 的堆积，影响肌纤维的兴奋—收缩耦联，还对线粒体呼吸链 ATP 的释放、氧化酶的活性造成影响，从而导致肌肉工作能力下降，产生疲劳。

此外，内分泌功能异常、免疫功能下降也与运动性疲劳有关。疲劳产生的原因是一个非常复杂的过程，仍有待于深入广泛地研究。

四、不同类型运动的疲劳特征

运动性疲劳是一个极复杂的生理过程，由于运动的负荷和性质不同，对人体机能产生的影响也不同，疲劳产生的特征也不相同。

首先，短时间、最大强度运动，其运动性疲劳产生的主要原因是中枢神经系统机能下降、CP 耗竭引起 ATP 转化速率降低所致。其次，短时间、次最大强度运动，其能量供应以糖酵解系统为主，所以肌肉和血液中乳酸堆积、pH 值降低是造成机体机能下降而产生疲劳的主要原因。再次，长时间、中等强度运动，其疲劳的产生往往与肌糖原和肝糖原大量消耗、血糖浓度下降、体温升高、内环境稳定性失调、工作肌氧气供应减少及神经系统活动能力下降等因素有关。最后，静力性运动，其中枢神经系统持续兴奋，肌肉中血液供应减少及过度憋气导致心、肺功能下降等，导致疲劳产生。另外，在非周期性运动项目中，技术动作的不断变化和动作技能的复杂程度是影响运动性疲劳的重要因素。一般认为，习惯性的、自动化程度高的、节奏性强的动作不易产生疲劳，而要求精力高度集中及运动中动作多变的练习则较易产生疲劳。

五、运动性疲劳的判断

对人体运动性疲劳的出现及其程度进行科学的判断和合理的分析，是指导运动训练、提高运动成绩和健康水平的前提，具有巨大的理论价值和重要的实践意义。目前常用的判断疲劳的方法有生理指标测定法、教育学观察法及自我感觉评定法。这里介绍的几种判断疲劳程度的方法皆属于生理学测定的范畴。

（一）测定肌力评价疲劳

1. 背肌力与握力

人体强烈或长时间运动时所引起的肌肉疲劳，其最明显的特征就是肌肉力量的下降。一般情况下，肌肉疲劳的测试常以绝对肌肉力量为依据，观察疲劳前后肌肉力量的变化。如果没有肌肉损伤等特殊原因，运动后肌肉力量明显下降且不能及时恢复，可被视为肌肉疲劳。

测试方式：首先，运动前连续测定若干次肌肉力量，取平均值；疲劳性工作后，再进行同样方式的力量测定。如果肌肉力量平均值低于运动前水平，或者几次力量测定值连续下降，即视为肌肉疲劳。如果一次练习后连续几天肌肉力量不能恢复，则说明是疲劳程度较深的状况。

2. 呼吸肌耐力

呼吸肌耐力的测试方法：连续测 5 次肺活量，每次间歇 30 秒。人体疲劳时，肺活量呈逐次下降的趋势。

（二）测定神经系统和感觉机能判断疲劳

1. 膝跳反射阈值

机体出现疲劳时，膝跳反射的敏感度降低，引起膝跳反射所需的叩击力增加。

2. 反应时间

反应时间指的是刺激作用于感受器，从开始到效应感受器开始活动所需的时间，其中包含简单反应时和选择反应时。人体运动性疲劳出现时，大脑皮质分析机能下降，反应时间明显延长，特别是选择反应时延长时间更为明显。

3. 皮肤空间阈

利用圆规或触觉计刺激人体皮肤的某一部位，受试者能分辨的两点的最小距离为皮肤空间阈。运动后，皮肤空间阈较安静时增加 1.5—2 倍为轻度疲劳，增加 2 倍以上为重度疲劳。

4. 闪光融合频率

受试者端坐，全神注视频率仪的光源，直到将光调至明显断续闪光融合频率为止，即调至临界闪光融合频率，测 3 次取平均值。疲劳时，闪光融合频率减少。轻度疲劳时，减少 1.0—3.9 赫兹；中度疲劳时，减少 4.0—7.9 赫兹；重度疲劳时减少 8 赫兹以上。

（三）测定心血管系统机能诊断疲劳

1. 心率

心率是评定运动性疲劳最简易的指标，一般常用基础心率、运动后即刻心率和恢复期心率对疲劳进行诊断。

基础心率是指清晨、清醒、起床前静卧的心率。正常时，基础心率相对稳定。如果大运动负荷训练后经过一夜的休息，基础心率较平时增加每分钟 5—10 次以上，则认为有疲劳累积现象；如果连续几天持续增加，则应调整运动负荷。在选用基础心率作为评定疲劳指标时，应排除惊吓、噩梦、睡眠等其他因素的影响。

运动中心率可采用遥测心率方法测定运动中的心率变化，或者用运动后的即刻心率代替运动中的心率。按照训练—适应理论，随着训练水平的提高，完成同样负荷运动时，心率有逐渐减少的趋势；如果在一定时期内从事同样强度的定量负荷运动，运动中心率增加，则表示身体机能状态不佳。

运动后心率恢复是指人体进行一定强度的运动后经过一段时间的休息，心率可恢复到运动前状态。身体疲劳时，心血管系统机能下降，可使运动后心率恢复时间延长。因此，可将定量负荷后的心率恢复时间作为疲劳诊断指标，如进行 30 秒 20 次深蹲的定量负荷运动，一般心率可在运动后 3 分钟内恢复到运动前水平；而身体疲劳时，这种恢复时间会明显延长。

2. 血压体位反射

人体大运动负荷训练后，自主神经系统调节机能下降，血管运动的调节出现障碍，血压体位反射主要是测定心血管系统调节机能。

血压体位反射的具体方法：首先，受试者保持坐姿，静息 5 分钟，测定安静时的血压。其次，受试者仰卧并保持卧姿 3 分钟。再次，推受试者背部使其恢复坐姿。最后，立即测血压，并且每隔 30 秒测一次，共测 2 分钟。在 2 分钟内血压完全恢复为正常；2 分钟内恢复一半以上为轻度疲劳；2 分钟内完全不能恢复为重度疲劳。

（四）用生物电评价疲劳

人体疲劳时心电图（ECG）、脑电图（EEG）和肌电图（EMG）的走势和变化与正常时不同，可以此确定疲劳程度。目前认为疲劳时，心电图 S-T 段下移，T 波倒置；脑电图中，Q 波明显增多；肌电振幅增大，频率降低，电机械延迟延长，积分肌电图和均方根振幅均增加，中心频率和平均功率频率降低。

（五）主观感觉判断疲劳

人体运动时的主观体力感觉与工作负荷、心功能、耗氧量、代谢产物堆积等多种因素密切相关。因此，运动时的自我体力感觉是判断运动性疲劳的重要标志。1970 年，瑞典生理学家 Borg 研制了主观体力感觉等级表(RPE)，使原本粗略的定性分析变为半定量分析。其具体测试方法：在运动场上放一块 RPE 木板，锻炼者在运动过程中指出自我感觉的等级，以此判断疲劳程度。如果用 RPE 的等级数值乘以 10，相应的得数就是完成这种负荷的心率。可以分别在疲劳前后测定同样负荷的运动，如果机体出现疲劳，RPE 等级也会相应增加；另外，利用该方法还可测定受试者的有氧耐力和抗疲劳能力。

第三节　恢复与提高过程

人体在运动过程中和运动结束后，各种生理机能和运动中消耗的能源物质逐渐恢复到运动前水平的变化过程就是恢复过程。运动过程中消耗的物质只有在恢复期得到完全恢复，人体机能才能得以提高；反之，将会出现过度训练或过度疲劳，导致运动能力下降，甚至出现运动性损伤。

值得指出的是，运动过程与恢复过程的合理安排及良好组合是机体对运动负荷产生最佳适应性变化的前提条件。在运动训练中，恢复过程与运动过程具有同等重要的作用，充分的机能恢复是取得良好运动效果的保障。

一、恢复过程的一般规律

恢复过程可被分为 3 个阶段，即运动时恢复阶段、运动后恢复阶段及超量恢复阶段。

（一）运动时恢复阶段

运动时，能源物质消耗占优势，虽然恢复过程也在进行，但是消耗大于恢复，所以能源物质逐渐减少，各器官、系统的功能逐渐下降。

（二）运动后恢复阶段

运动结束后，消耗过程减弱，恢复过程占优势，能源物质及各器官、系统功能逐渐恢复到运动前的水平。

（三）运动超量恢复阶段

超量恢复又被称为超量代偿，是指人体运动时所消耗的能源物质及各器官和系统的机能恢复得超过原有的水平。超量恢复保持一段时间后又回到原有的水平。

超量恢复的程度及出现的时间与运动量有密切关系。在一定的范围内，运动量越大，物质消耗就越多，超量恢复越明显，但出现的时间延迟；反之，超量恢复不明显，但出现的时间较早。如果运动量过大，超过了生理范围，恢复过程将会进一步延长，如表 4-1 所示。

表 4-1　动物在进行不同活动量肌肉收缩时肌糖原的消耗与恢复

组别	活动量		肌糖原变化量（%）		
	肌肉收缩（次/分）	持续活动时间（分）	活动停止后	活动后 4 小时	活动后 24 小时
1	30	30	−140	−31	+16
2	60	15	−381	−194	+18
3	104	9	−519	—	+45
4	208	4.5	−785	−517	−49

不同的能源物质影响人体超量恢复的快慢程度。人体剧烈运动后，CP 在半分钟之内可恢复至运动前的一半，待 3—5 分钟时能出现超量恢复。

持续时间短的高强度运动后，肌糖原约在运动后 15 小时出现超量恢复，而蛋白质出现超量恢复相对较晚；长时间的耐力性运动后，脂肪出现恢复的时间发生在第三天。游泳等大运动量训练后的第 1—3 天，身体机能明显下降，到第 3—5 天恢复到原来水平，第 5—8 天才出现超量恢复。

超量恢复与膳食和运动模式有密切的关系。研究发现，让受试者以75%max运动强度进行单腿自行车运动，另一条腿为安静对照，当运动至精疲力竭时，运动腿股外肌的肌糖原含量接近于零。运动结束后，连续3天食用高糖膳食而不参加任何运动，结果显示运动腿股外肌肌糖原数量超过安静时的水平，是安静腿的2倍，而安静腿肌糖原水平仅略有波动。

目前，人体超量恢复出现的原因还尚无定论。研究表明，超量恢复与运动结束后线粒体活动能力增强、能量代谢增加所引起的CP、糖原、蛋白质等物质合成速度加快有关。此外，超量恢复还与神经、激素的调节等有密切的关系，其机理还有待进一步研究。

超量恢复是客观存在的规律。在此期间，机体具有较高的机能水平和承受负荷的能力，是运动员体能储备的最佳时期，有助于运动员取得良好的运动成绩。不同类型的运动具有不同的代谢特征，不同能源物质具有不同的恢复特征。因此，超量恢复原理是选择训练休息间歇、确定负荷强度和负荷量及实施合理营养补充的重要依据，在运动实践中具有重要的理论意义和实践价值。

二、机体能源贮备的恢复

（一）磷酸原的恢复

磷酸原是体内恢复速度最快的能源物质，恢复一半的时间为20—30秒，基本恢复的时间为2—5分钟。剧烈运动后，当磷酸原恢复至一半以上时，机体即可维持原有的运动强度，所以两次剧烈运动时间的间隔不能短于30秒；组间休息时间间歇应控制在1—5分钟为宜，以保证磷酸原完全恢复。

磷酸原的恢复主要由有氧氧化系统提供能量，糖酵解系统也可能参与供能。运动过程中，磷酸原消耗得越多，其恢复过程需要的氧气也越多。

（二）肌糖原贮备的恢复

肌糖原是人体内糖类物质存在的形式之一，也是机体进行有氧氧化供能和糖酵解供能的能源物质。研究发现，足够的肌糖原储备量可减少运动肌对血糖的利用量，延迟血糖水平下降，延缓运动性疲劳的出现，提高机体的运动能力。因此，运动后肌糖原储量的恢复状况对维持和提高机体的运动能力具有非常重要的意义。

人体运动模式和膳食直接影响肌糖原的恢复速度。当机体进行 2 小时耐力性运动至力竭后，如补充高糖膳食，肌糖原完全恢复大约需要 46 小时；就恢复速度而言，运动结束后前 10 小时恢复速度最快，这可能与体内糖异生作用较强、肌肉中糖原合成酶活性较高等因素有关。因此，耐力性运动后应特别注意恢复初期 10 小时高糖膳食的补充，尤其注意运动后 2 小时内增加食物中的糖量，而在随后的 46 小时至 5 天内也应注意补充高糖膳食。

短时间且高强度间歇性运动后，肌糖原恢复速度受膳食影响相对较小。研究发现，机体进行大强度间歇性运动至力竭后，无论食用普通膳食还是高糖膳食，肌糖原在 24 小时内都能完全恢复，而且在运动后前 5 小时恢复最快。

大强度间歇性运动与长时间耐力性运动后肌糖原恢复的差异，可能与间歇性运动后血糖浓度升高、血乳酸水平相对较高等因素有关。较高水平的血乳酸可通过糖异生作用转变成葡萄糖后被肌肉利用，而血糖则可直接用于合成肌糖原。因此，大强度间歇性运动后膳食对肌糖原储量的恢复影响较小。

（三）氧合肌红蛋白的恢复

肌红蛋白是存在于肌肉中的一种结合蛋白，具有与氧气结合的配位点，能够接受从血红蛋白运来的氧气并贮存于肌细胞内，为肌肉组织提供氧气。

在人体运动过程中，氧合肌红蛋白大量解离释放氧气被肌组织所利用。氧合肌红蛋白恢复速度很快，运动后仅需要几秒钟即可完全恢复。氧合肌红蛋白的恢复对运动性疲劳的消除具有积极影响。

（四）乳酸再利用

乳酸是糖酵解供能系统代谢的终末产物，因其蕴藏着大量的能量，所以又是有氧氧化供能系统的重要氧化基质，每分子乳酸彻底氧化可生成18个分子的ATP。乳酸作为重要的氧化基质，为肌肉的活动提供了一定的能量。另外，乳酸又能通过糖异生途径转变成葡萄糖而被人体有效地再利用。骨骼肌不仅是乳酸生成的主要场所，还是乳酸再利用的主要场所。

1986年，布鲁克斯经过研究认为，人体肌肉收缩时产生的乳酸经由乳酸穿梭系统进行转运，其中除了血管的乳酸穿梭之外，有近半数以上是在工作肌不同类型的肌纤维中通过重新分配被重新利用。

第一，血管的乳酸穿梭。它是指人体运动时肌肉产生的乳酸借助肌纤维与血液中的乳酸和［H^+］浓度梯度，穿越肌细胞膜弥散进入毛细血管，再通过血液循环将乳酸运输到体内其他器官进行代谢的穿梭转运形式。乳酸经血液循环既可进入心肌和非运动肌被氧化利用，又能进入肝和肾脏作为糖异生作用的底物转变成葡萄糖或糖原。葡萄糖释入血液后又可被肌细胞利用合成肌糖原或补充血糖的消耗。

第二，工作肌中乳酸穿梭。这是指人体运动过程中肌肉产生的乳酸在不同类型的肌纤维中进行重新分配和代谢的穿梭转运形式。剧烈运动时，Ⅱb型快肌纤维中产生的乳酸通过乳酸穿梭系统不断穿梭进入邻近的Ⅱa型快肌纤维或Ⅰ型慢肌纤维；之后，乳酸被氧化为丙酮酸，最终通过三羧酸循环氧化为二氧化碳和水，并且释放能量合成ATP，供肌肉收缩之用。

三、促进人体机能恢复的措施

体育竞技给人体运动和训练提出了更高标准。其不仅对训练手段的科学性提出了要求，而且对训练恢复措施的合理性提出了高要求，以使人体在“疲劳—恢复—再疲劳—再恢复”的良性循环过程中得到发展，实现更高、更强、更快的目标。因此，训练恢复是现代运动训练中亟待解决的问题之一。世界各国体育工作者对此做了大量的研究，提出了许多促进机能恢复的措施。

（一）运动性手段

1. 整理活动

运动后进行的各种较为轻松的身体练习被称为整理活动，其目的是消除运动疲劳和促进体力恢复。实验表明，运动结束后，通过整理活动可使参与运动的肌肉做一些伸展或牵拉运动，以减少肌肉的延迟性酸痛和硬度，加速肌肉机能的恢复。

研究发现，人体剧烈运动后进行短暂的整理活动能促进血液循环及加速乳酸的消除和利用。例如，在力竭性运动后，如果机体处于完全休息状态，乳酸的半时反应为 25 分钟；但进行整理活动时，乳酸的半时反应可缩短为 11 分钟。运动结束后，如果不做整理活动而骤然静止，将会影响血液循环和呼吸运动，使氧气的补充及静脉回流受阻，心排血量减少，血压下降，脑组织暂时性缺血，从而引起一系列不良反应，甚至出现“重力性休克”。此外，剧烈运动时，由于骨骼肌持续紧张收缩，使大量代谢产物堆积，肌肉硬度增加，导致机能下降，出现疲劳。运动结束后，通过整理活动可减少肌肉的延迟性酸痛，有助于消除疲劳。因此，整理活动是运动训练过程的重要组成部分，应予以高度重视。

2. 积极性休息

运动过程中为了消除疲劳而采取的各种变换动作或运动强度的练习被称为积极性休息。积极性休息更适合少量肌肉群参与工作所引起的局部疲劳，或者运动强度较大引起的快速疲劳。

20 世纪初，谢切诺夫经过研究发现，右手握测力器工作至疲劳时，以左手继续工作来代替安静休息，结果显示右手恢复得更快、更完全。谢切诺夫认为，在休息时，来自左手肌肉收缩时的传入冲动能加深支配右手的神经中枢的抑制过程，并且使右手血流量增加，从而促进恢复。

积极性休息与被动性休息相比，积极性休息能使积累乳酸消除速度提高一倍。大量研究结果显示，积极性休息者乳酸的消除速度远远快于静止休息者。有报道认为，脑力劳动者若以肌肉运动作为积极性休息，对疲劳的消除速度将会明显加快。可见，在运动训练过程中，采取调整训练内容、变换运动形式的积极性休息对于消除疲劳和促进恢复具有重要作用。

（二）睡眠

睡眠是人体大脑皮质抑制过程的表现。睡眠时，机体与外界环境之间的主动联系大大减少，全身肌肉处于放松状态，因而能量消耗较少。此时，代谢活动以合成代谢为主，所以良好的睡眠是消除疲劳的重要举措。

日常训练期间，每日睡眠时长不应少于 8—9 小时，并且应安排 1—2 小时的午睡时间。而在大运动量训练或比赛期间，睡眠时间也应适当延长。为了加深睡眠和延长自然睡眠时间，在就寝前应尽量避免外界刺激，使心理趋于平静状态；还可用频率为 30—40 赫兹的脉冲电流刺激太阳穴或乳突部位，操作过程中应逐步增加电流强度，直至眼睛出现闪烁感。

（三）消除疲劳的营养学手段

人体运动和训练消耗的大量物质需要日常膳食来补充营养，所以科学合理的膳食安排是人体训练后消除疲劳、促进恢复及提高运动能力的重要手段。

在长时间的耐力性运动过程中，体内糖原大量消耗，所以训练后的膳食应适当增加糖的含量。研究发现，耐力性运动后，运动员食用高糖膳食，肌糖原可在 48 小时完全恢复。若食用高脂肪和高蛋白膳食，运动结束后的第 5 天还不能完全恢复。

在力量为主的运动中，由于运动的主要目的是增加肌肉力量，所以运动后应多增加蛋白质的补充，同时还应补充一定量的无机盐和维生素；在以速度为主的运动中，应适当补充糖、蛋白质、维生素 B 和维生素 C 等营养物质；而在热环境下的运动，由于机体的水分和电解质的丢失较多，故可采取少量多次的方法补充适量的液体。

此外，膳食安排还应考虑运动员的年龄特点和合理的营养搭配。例如，青少年运动员应尽可能多食用肉类、鱼类、蛋类、奶类和豆类等食物以补充机体发育过程中所需的蛋白质。大多数项目运动员膳食中蛋白质、脂肪、糖三种营养素的含量之比应为1∶1∶7，能量之比应为9.5∶22∶68.5。总的来说，运动后应多食用如奶类、动物血液、水果、蔬菜、豆制品等碱性食物。

值得一提的是，人体若是经常在机体代谢和机能状况没有完全恢复的情况下继续进行活动，轻则会引起代谢过程紊乱，重则导致机能调节失衡，运动能力下降。由此可知，根据不同项目运动员的营养及代谢特点，科学合理地安排膳食是促进机能恢复和提高运动训练效果的有效手段。

（四）消除疲劳的中医药手段

中医药调理也是改善人体代谢能力、消除人体疲劳及促进机能恢复的重要措施。运动性疲劳的恢复应从健脾益气、补肾壮阳或补益气血等方面入手，针对不同的疲劳症候应做到辨证施治、对症下药。常用的中医药方法有口服的汤剂内服法和外用的汤剂熏洗法两种。

汤剂内服法包括服用复方中药和服用单味中药两种方法。例如，阿胶能够促进骨髓造血功能，增加血液中红细胞和血红蛋白的含量，提高血液运输氧的能力；而汤剂熏洗法，如由川芎、当归、苍术等制成的中药汤剂具有扩张外周血管，促进血液循环，提高机体运输氧的能力，维持机体内环境稳定，加快疲劳消除的作用。

（五）盐水浴

盐水浴对于消除运动或训练后的疲劳具有积极的效果。运动员泡在浓度为每升1—3克的盐水中，然后进行15—30分钟水按摩，频率为每周2—3次。从血乳酸浓度的变化及肌张力的恢复都可发现，这种方法有利于促进训练疲劳的消除。

（六）心理手段

训练过度能引起与躯体性疲劳相联系的心理疲劳。它表现为训练者主观感觉乏力、兴趣减退、意志减弱、动机水平下降及抑郁等不良的心理症状。过度训练易导致积累性疲劳，甚至出现下丘脑—垂体—性腺轴功能紊乱、免疫抑制、慢性感染及运动损伤等现象，直接影响训练者的正常运动和身体健康。

众多专家学者表示，神经系统功能降低和神经细胞抑制过程加强是引起不良心理反应的主要因素，这与训练负荷安排不当和恢复措施不足等有密切关系。因此，采用合理的心理调节是促进疲劳消除、提高训练效果的重要手段。

目前常用的心理恢复手段有心理暗示法、意念放松法、肌肉放松法、呼吸调整法、音乐放松法、心理调整训练法，以及赏识、激励和人文关怀等。除此之外，促进运动性疲劳消除的方法还有负氧离子、理疗、针灸、热敷及气功等。

第五章

体育运动训练方法与实践

第一节　田径运动与训练

一、跑

（一）短跑

短跑是田径赛项目中的一类，一般包括 60 米跑、100 米跑、200 米跑和 400 米跑等几项。短跑运动的特性是人们同时以最快的速度在确定的跑道上跑完规定的距离，并且以最先跑完者为优胜的项目；在人体机能供能方面，表现为最大限度地发挥人体的本能，并且以无氧代谢的方式供能。短跑技术是一个不可分割的整体，为了便于分析，可把它分为起跑和起跑后的加速跑、途中跑和终点跑四部分。

1. 短跑技术

起跑的任务是获得向前冲力，使身体迅速摆脱静止状态，为起跑后加速创造有利条件。

（1）起跑器的安装。起跑器的安装方法有“普通式”“拉长式”“接近式”三种。通常采用“普通式”，前起跑器安装在起跑线后一脚半（40—45

厘米）处，后起跑器距离前起跑器一脚半前，后起跑器的支撑面与地面分别呈 40—45 度角和 70—80 度角，两个起跑器的中轴线间隔约 15 厘米。

（2）起跑技术。起跑技术包括“各就位”“预备”“鸣枪”（或“跑”）三个阶段。听到“各就位”口令后，做 2—3 次深呼吸，轻快地走到起跑器前，两手撑地，两脚依次踏在前、后起跑器的抵足板上，后膝跪地，两手放在紧靠起跑线后沿处，两臂伸直，肩与起跑线平行，两手间隔比肩稍宽，四指并拢和拇指呈八字形支撑，颈部自然放松，两眼视前下方 40—50 厘米处，注意听“预备”口令。

听到“预备”口令后，随之吸一口气，平稳地抬起臀部，与肩同高或稍高于肩，重心适当前移，肩部稍超出起跑线，这时体重主要落在两臂和前腿上。“预备”姿势应当稳定，两脚贴起跑器抵足板，注意力高度集中。听到枪声，两手迅速推离地面，两臂屈肘有力地做前后摆动，两腿迅速蹬离起跑器，使身体向前上方运动，前腿快速有力地蹬伸髋、膝、踝三个关节。

（3）起跑后的加速跑。起跑后的加速跑是从后腿蹬离起跑器到途中跑之间的一个阶段，其任务是充分利用向前的冲力在较短距离内尽快地获得高速度。

当后腿蹬离起跑器并结束前摆后，便积极下压着地。第一步着地应尽量靠近身体重心投影点，脚着地后迅速转入后蹬。前腿在蹬离起跑器后也迅速屈膝向前摆动。

起跑后的最初几步，两脚沿着两条相距不宽的直线前进，随着跑速的加快，两脚着地点就逐渐合拢到假定的一条直线两侧。加速跑的距离一般为 25—30 米。

（4）途中跑。途中跑是短跑全程距离最长、速度最快的一段，其任务是继续发挥和保持高速度跑。摆动腿的膝关节迅速有力地向前上方摆出，支撑腿在摆动腿积极前摆的配合下，快速有力地伸展髋、膝和踝关节，蹬离地面，形成支撑腿与摆动腿协调配合动作。

腾空阶段，小腿随着蹬地后的惯性和大腿的摆动迅速向大腿靠拢，形成大小腿边折叠边前摆的动作。与此同时，摆动腿以髋关节为轴积极下压，膝关节放松，小腿随摆动腿下压的惯性自然向前下伸展，准备着地。

着地缓冲阶段，着地动作应是非常积极的，在途中跑时，头部正直，上体稍有前倾，两臂前后摆动要轻快有力。

从直道进入弯道跑时，身体应有意识地向内倾斜，加大右腿的蹬地力量和摆动幅度，右臂亦相应地加大摆动的力量和幅度，有利于迅速从直道跑进弯道。弯道跑时，身体应向圆心方向倾斜。后蹬时，右腿用前脚掌的内侧用力，左腿用前脚掌的外侧用力。弯道跑的蹬地与摆动方向都应与身体向圆心方向倾斜趋于一致。

（5）终点跑。终点跑是全程跑的最后一段，任务是尽力保持途中跑的高速度跑过终点。终点跑的技术是在离终点线 15—20 米处，尽量保持上体前倾角度，加快两臂摆动的速度和力量。在跑到距离终点线一步时，上体急速前倾，用胸部或肩部撞终点线并跑过终点，然后逐渐减慢跑速。

2. 短跑的专门练习

（1）小步跑。上体正直，肩放松，两臂前后自然摆动，髋、膝、踝关节放松。迈步时，膝向前摆出，髋稍有转动。在摆腿的膝向前摆动的同时，另一腿的大腿积极下压，足前掌扒地式着地。着地时，膝关节伸直，足跟提起，踝关节有弹性。

（2）高抬腿跑。上体正直或稍前倾，两臂前后摆动。大腿积极向前上摆到水平，并且稍稍带动同侧髋向前，大小腿尽量折叠，脚跟接近臀部。在抬腿的同时，另一腿的大腿积极下压，直腿足前掌着地，重心要提起，用踝关节缓冲。

（3）后蹬跑。上体正直或稍前倾，两臂自然摆动，摆动腿积极向前上方摆出，躯干扭转，同侧髋带动大腿充分前送。在摆腿的同时，另一腿的大腿积极下压，足前掌着地，膝、踝关节缓冲，迅速转入后蹬。后蹬时，摆腿送髋动作在先，膝、踝蹬伸在后，腾空阶段重心向前，腾空时要放松，两腿交替频率要快。

（4）后踢小腿跑。上体正直或稍前倾，两臂前后自然摆动，足前掌着地。离地时，足前掌用力扒地。离地后，小腿顺势向后踢与大腿折叠，膝关节放松，足跟接近臀部。

（5）折叠腿跑。上体正直或稍前倾，两臂前后摆动。后蹬结束立即向前上方抬大腿和收小腿，膝关节放松，大小腿充分折叠，边折叠边向前摆动。在摆腿折叠前摆的同时，另一腿的大腿积极下压，足前掌着地，膝关节缓冲。

3. 创新的训练方法

（1）惯性跑训练。采用惯性跑让运动员体会放松技术。众所周知，如果让一个物体突然由运动状态转为静止状态，其还会在惯性的作用下继续保持运动状态一段时间。在进行短跑训练时，亦可以采用惯性进行放松技术的训练，使运动员能够在惯性的帮助下更好地体会放松技术，提高其应用放松技术的能力。其具体方法：在 200 米的赛道中，先让运动员快跑 60 米，而后借助惯性慢跑 40 米，再快跑 60 米，而后慢跑 40 米。如此循环往复，使运动员能够在 6 米的快速跑中获得惯性，继而在 40 米的慢跑中借助惯性体会放松技术，以此提高其放松技术的应用能力。需要注意的是，慢跑时，运动员必须停止主动用力，否则惯性就会因为运动员的主动用力而消失，致使惯性跑的作用丧失。

（2）大步跑训练。在进行短跑训练时，教练员可以让运动员进行大步跑训练，即通过一定的速度来加大运动员的步长，继而使其能够更好地体会踝关节的缓冲情况。其具体操作方法：首先，教练员可以让运动员进行走或慢跑 100 米，继而迈大步跑一定距离。在进行这一训练时，教练需要做好两个方面的工作：一是对运动员的速度进行控制，使其保持在最大速度的 80%—85%。二是大步跑的距离要根据慢跑或走的距离进行调整。如果之前采取的是慢跑，则大步跑的距离应该小于慢跑的距离；如果是走，则大步跑的距离应该大于走的距离。除此之外，训练时，伴随着速度的增加，运动员应该逐步加大步长并增加摆腿幅度和蹬地的力量，确保能够充分地将大腿抬起，将髋关节打开。只有这样才能更好地在慢跑训练中掌握放松技术并学会如何运用放松技术，继而提高短跑训练的质量和效率，提高成绩。

（二）接力跑

接力跑技术包括短跑技术和传接棒技术。接力跑的成绩既取决于队员跑的速度，队员之间的相互配合也很重要。

1. 起跑

（1）持棒起跑：第一棒传棒人持棒（以右手为例），采用蹲踞式起跑。按规则，接力棒不得触及起跑线和起跑线前的地面。持棒起跑技术和短跑的起跑相同，持棒方法主要有以下三种：

第一，右手的食指握住棒的后部，拇指与其他三指分开撑地。

第二，右手的中指、无名指握住棒的后部，拇指、食指和小指呈三角撑地。

第三，右手的中指、无名指和小指握住棒的后部，拇指和食指分开撑地。

（2）接棒人起跑：接棒人站在接力区后端线或预跑线内，选定起跑位置，两脚前后开立，两膝屈着，上体前倾。接棒人应站在跑道外侧，左腿在前，右手撑地保持平衡，身体重心稍偏右边，头部左转，目视传棒人的跑进和自己起动的标志线。当传棒人跑到标志线时，接棒人便迅速起跑。

2. 传接棒方法

（1）上挑式。接棒人的手臂自然向后伸出，手臂与躯干呈 40—50 度角，掌心向后，拇指与其他四指自然张开，虎口朝下。传棒人将棒向前上方送入接棒人的手中。这种传棒方法的优点是接棒人向后下方伸手臂的动作比较自然，传棒人传棒动作也比较自然，容易掌握；缺点是接棒后，手已握在接力棒的中部，如不换手再传给下一棒时，则只能握住接力棒的前部，容易造成掉棒和影响快速前进。

(2) 下压式，也称“向前推送”的传接棒方法。需要注意的是，传棒时，手臂不要太高，而是用手腕动作将棒向前下方推送入接棒队员手中。此外，传棒人可以用手腕动作调整传棒动作的准确性。在做此动作时，接棒人的手臂向后伸出，手臂与躯干呈 50—60 度角，手腕内旋，掌心向上，拇指与其他四指自然张开，虎口朝后，传棒人将棒的前端由上向下传到接棒人手中。下压式传接棒技术的优点是每一棒次的接棒都能握住棒的一端，便于持棒快跑；缺点是接棒时，接棒人的手臂比较紧张，不够自然。

(3) 混合式。第一棒用“上挑式”传棒，第二棒用“下压式”传棒，第三棒仍用“上挑式”传棒。

3. 创新的训练方法

(1) 弯道跑练习。弯道跑练习主要是针对第一、三棒运动员而言的。运动员要反复地持棒进行弯道跑练习，增加对器械的感觉，消除不习惯的感觉，并且由此找到适合自己的道次，以及找到适合自己的持棒方式。

(2) 双人练习。在接力跑的道次安排确定后，第一棒队员与第二棒队员配对练习，第三棒队员与第四棒队员配对练习，在熟练掌握传、接棒技术后，第二棒队员与第三棒队员再配对练习。

画好接力区，50—80 米分段进行传、接棒练习，传棒队员跑到标志点后发出口令，接棒人听到口令后，向后伸臂果断、稳定，不可左右晃动。传棒队员发出口令后，必须有一定的间隙，便于看清同伴伸出手后准确传棒。两人跑进的速度根据传、接棒的熟练程度由慢到快，多次重复。通过反复练习，两名队员要确定起动标志点和传、接棒的方式。

(三) 跨栏跑

1. 110 米栏技术

男子 110 米栏的栏架高 1.067 米，过栏和栏间跑的速度相当快，是跨栏跑中技术难度最高的项目。110 米栏采用蹲踞式起跑。前起跑器安装在距起跑线一脚半到两脚处，后起跑器距前起跑器约一脚远，两起跑器间宽 15—20 厘米。做“预备”姿势时，臂部抬至超过肩的部位，体重由撑地的两臂和前腿负担，头保持与躯干成一直线，集中注意力等待鸣枪。

（1）起跑至第一栏技术。鸣枪后跑出的动作和短跑的起跑动作基本相同，起跑时应把起跨腿放在前起跑器上，起跑后前几步都必须有足够的步长。110 米栏起跑因受第一栏前固定距离（13.72 米）和固定步数的制约，应特别注意步长的准确。

（2）栏间跑技术。栏间第一步的水平速度因过栏有所降低，为了争取第一步必要的步长，应充分发挥踝关节及脚掌力量，用力摆臂也能起到提高蹬地效果和加快动作频率的作用。第二步动作结构的支撑与腾空时间大致与短跑途中跑相同。第三步因准备起跨形成一个快速短步，动作特点与跨第一栏前的最后一步相同。第三步应是栏间跑速度最快的一步。

（3）过栏技术。原地做摆动腿模仿练习，即栏前直立，面对栏架，摆动腿屈膝高抬，膝盖达到栏架高度时，小腿迅速向前摆出，接着积极下压大腿，摆动腿基本伸直，脚掌靠近栏板，然后下落，用脚掌在身体重心投影点前落地，熟练后可连续做。

走步中做摆动腿、“鞭打”动作：腿的折叠、高抬，前摆小腿及下压大腿都与前一练习相同。走 3 或 5 步做一次，强调膝高于踝，不出现踢小腿的动作，熟练后加上两臂的配合动作，练习速度适当加快，注意动作放松。

走步中做摆动腿经栏上的栏侧过栏动作：站在起跨腿一侧，从栏前 1 米处起跨，摆动腿屈前摆，伸出小腿，经栏板上向栏后积极直腿下落，起跨腿配合做小幅度的提拉动作，熟练后在慢跑中接连跨 3—4 架栏。

原地提拉起跨腿过栏动作：双手扶肋木站立，在起跨腿一侧距肋木 1—1.2 米远横放架栏，上体稍前倾，眼平视，起跨腿屈膝经腋下向前提拉，膝部提举到身体正前方，身体不要扭转或偏斜。先做单个提拉动作，后连续做，动作速度由慢到快。栏架也可以纵放。

起跨腿过栏动作：动作同前，栏前走两三步后经栏侧提拉起跨腿，摆动腿做小幅度动作配合以体会两腿的剪绞，身体过栏后，双手抓肋木，起跨腿提举至身体正前方。

栏侧做起跨腿练习：过 3—4 架栏，栏距 7—8 米，先走步中做栏侧过栏，后慢跑或快跑。

做起跨腿经栏上过栏：起跨腿蹬地要充分，不急于向前提拉，当摆动腿移过栏架下落时，迅速提拉起跨腿过栏。

学习过栏时两腿的剪绞动作和上下肢的配合动作：从原地站立开始做“跨栏步”中两腿剪绞换步动作，摆动腿屈膝高抬大腿，随之前伸小腿用前脚掌落地，摆动腿下落的同时，蹬离地面的起跨腿屈膝经体侧向前提拉超过摆动腿。

动作同上，在小步跑中连续做过栏模仿动作，跑三步后做一次“跨栏步”。应注意跑的直线性并有节奏，身体正对前方，同时注意两臂的配合用力。

原地摆腿过栏动作：上体正直面对低栏站立，将摆动腿大腿放在栏架横板上，小腿放松下垂，做两三次轻微摆小腿后，起跨腿蹬地，当伸直的摆动腿下压时，起跨腿迅速收起提拉过栏。

在走、跑中做栏侧过栏动作：强调两腿配合，摆动腿虽然不经过栏板上方，也必须完成折叠、举膝、伸下腿下压的动作。练习时，在跑道上放 3—6 架栏，栏间相距 7—8 米，跑三步。在两腿配合剪绞的同时，两臂按动作要点做好前伸后摆等动作。

高抬腿跑中从栏侧或经栏上过栏动作：高抬腿跑至栏前，保持高重心，距栏约 1 米处起跨，过栏动作同前，但幅度小、腾空时间短，注意上下肢配合，身体始终直立不前倾，尽量不上跳，下栏后继续高抬腿跑准备过下一个栏。

2. 过栏技术的主要错误和纠正方法

（1）起跨时身体重心低，蹬地不充分，屈腿跳栏。产生这种问题的原因在于栏前跑的技术差，速度过慢，后两步拉大步降低身体重心，用脚跟踏地起跨或全脚掌击地造成很大制动，起跨时蹬摆配合差，下肢力量差，屈膝缓冲过大，心理上怕栏。

纠正方法有三：一是纠正栏前跑的技术，形成较准确的步长，提高起跨点准确度。降低栏架高度，缩短栏间距离，用高重心跑。在最后两三步按标志跑，检查纠正后两步的“短步”关系。二是做起跨攻栏模仿练习，建立高重心起跨的肌肉感觉。三是练习跳绳、负重跳跃、长距离多级跳及双脚连续跳栏架（栏高 76.2 厘米），发展下肢各关节及脚掌肌肉力量。

（2）高跳过栏，身体腾空时间过长。产生这种问题的原因在于起跨腿膝关节弯曲过大，脚跟着地，蹬地角度大，垂直分力过大。起跨点离栏架太近，限制摆动腿向栏迅速前摆，怕碰栏受伤。摆动腿踢腿上摆，前伸小腿缓慢，下放摆动腿消极。

纠正方法有两点：一是改变起跨点，使之不短于自己 7 个脚掌长，适当加快栏前跑的速度。学习正确放脚起跨技术，保持高重心起跨姿势，用橡皮条代替栏的横板，消除怕栏顾虑。二是掌握摆动腿屈腿摆动攻栏技术。

（3）摆动腿直腿摆动攻栏或屈小腿绕过栏板。产生这种问题的原因在于对摆动腿的动作概念不清。摆动腿膝关节紧张，小腿过早前伸。摆动腿大小腿折叠不够，大腿屈肌力量差，起跨前大腿抬不高。

纠正方法有四：一是详细讲解摆动腿屈膝摆的技术，反复做屈腿摆的各种模仿练习。例如，面对肋木站立，距肋木 1.2—1.4 米，摆腿在体后开始折叠大小腿，以膝领先屈腿前摆，大腿在体前抬平后迅速伸出小腿，脚掌伸向肋木约与腰高的部位，支撑腿蹬地的同时前倾上体，手扶肋木。二是连续做摆动腿屈膝前摆的“鞭打”动作。三是身体直立或双手撑肋木站立，摆动腿屈膝前抬，膝部负 10—15 千克重沙袋连续高抬，以发展髂腰肌和大腿屈肌的力量。四是大量重复做摆动腿栏侧过栏练习，要求大腿高抬后再前摆小腿，膝关节放松。

（4）腾空后两腿动作消极，剪绞时机不正确。产生这种问题的原因在于起跨腿蹬地不充分，过早开始提拉。两腿肌肉伸展能力差，髋关节灵活性差，不能在空中作出较大幅度的劈叉分腿动作。摆动腿时，直腿摆动下压不积极。上体直立妨碍起跨腿用力提拉，或者两臂摆动与腿的动作不协调。

纠正方法：做起跨腿栏侧过栏，要求充分蹬伸起跨腿，不急于提拉。适当加长起跨距离，加快跑速，用大幅度动作完成快速剪绞过较低的栏架。发展两腿后群肌肉伸展性，改善髋关节灵活性和柔韧性，经常做压腿和劈叉练习，包括纵劈叉和横劈叉。

(5) 过栏时摆动腿的后侧或起跨腿的膝、踝内侧碰及栏板。产生这种问题的原因在于摆动腿碰栏是因为起跨点过远，摆动腿向前速度太慢或折叠高摆不够，上体前倾过大。起跨腿的膝、踝内侧碰栏板是因为大小腿和脚掌在提拉过程中部位不正确，以及起跨腿提拉时膝未外展。

纠正方法有二：一是重复练习原地支撑提拉起跨腿过栏动作，要求膝稍高于踝，小腿收紧，足内侧保持与地面平行（足尖勿下落）。二是提拉起跨腿时，及时作出前倾上体的动作。调整起跨点，加强摆动腿大腿高抬的能力。

3. 创新的训练方法

(1) 循环训练法。循环训练的运作方式多种多样，在选用所需内容时应反复甄别、实用或微调，只有合理地将多种训练处方优化组合及综合应用，才有可能获得最佳的运动效果。①仰卧起坐 12 次；②原地团身跳 12 次；③俯卧挺身 12 次；④俯卧撑 12 次；⑤立卧撑 12 次；⑥弓步交换跳 12 次；⑦快速跑。要求动作转换连贯、不间断，认真完成每个点的动作，跑速为匀速跑，重复练习 2—3 组。

(2) 递进训练法。在不破坏跨栏跑完整动作结构的前提下，暂时降低练习标准，先采用低栏和较近距或简栏架，降低动作难度，使学生由易到难循序渐进地学习跨栏跑技术。以自主练习为主，教师适当引导，当学生掌握前一项练习后，方可进入后一项练习，如同上台阶，步步升级。在教学中，多采用 4 步跨栏技术，即左右腿轮换跨栏，既消除了因为步幅不够大而不敢继续跨栏的畏惧心理，又解决了用 5 步上栏浪费时间、离栏过近形成跳栏动作等问题。

（四）中长跑

中长跑是中距离跑和长距离跑的简称，属800米以上距离的田径运动项目。中距离跑项目有男、女800米和1500米；长距离跑项目有男子5000米和10000米，女子3000米、5000米和10000米。中长跑是历史悠久且开展普遍的运动项目，在2000多年前的古代奥林匹克运动会上就有中长跑比赛。19世纪，中长跑在英国已盛行，后来世界各国也都相继开展起来。中国从1910年起也有了中长跑比赛。中长跑动作要注意向前运动的效果，身体重心不要下降过大，两腿、两臂动作自然放松省力，两腿落地要柔和并有弹性。中长跑采用的训练方法有重复训练法、间歇训练法、快慢交替训练法及山坡跑、沙滩跑、高原训练等。中长跑的技术要领及训练方法如下：

1. 呼吸

中长跑的距离长，消耗能量大，对氧气的需求量也大。因此，掌握正确的呼吸方法至关重要。中长跑能量消耗大，机体要产生一定的氧债，为了保证机体对氧气的需求，呼吸必须有一定的频率和深度，还必须与跑的节奏相配合，一般采用两步两吸、两步两呼，采用口呼吸的方法。随着跑的速度加快和疲劳的出现，呼吸的频率也有所增快。

2. 起跑及起跑后的加速跑

（1）站立式起跑。各就位时，运动员从集合线走到起跑线处，两脚前后开立，将有力的腿放在前面，前脚尖紧靠起跑线后沿，后脚距前脚约一脚的距离，两脚左右自然开立，上体前倾，两膝弯曲，两臂一前一后，身体重心主要落在前脚上，保持稳定姿势，集中注意力听枪声。

（2）起跑后的加速跑。起跑后，上体保持前倾，脚尖着地，腿的蹬地和前摆及两臂的摆动都应快速积极，逐渐加大步伐和加快速度。随着加速段的延长，上体逐渐抬起，进入途中跑。加速段距离的长短和速度应根据个人特点、战术需要和临场情况而定。

3. 途中跑

（1）直道跑技术。跑直道时，要求两脚沿平行线跑，抬腿既不靠内，也不靠外，正直向前，两脚皆用脚前掌扒地跑。

（2）弯道跑技术。跑弯道时，要求左脚前脚掌外侧、右脚前脚掌内侧着地，左腿膝关节外展和右腿膝关节内扣，身体重心向内倾斜协调用力，速度越快，倾斜角度越大，右臂的摆幅稍微大于左臂摆幅。

4. 冲刺跑

冲刺跑是临近终点前一段距离的加速跑，主要任务是运用自己的全部力量，克服疲劳，力争在最后阶段跑出好成绩。冲刺跑的技术特点是在加快摆臂速度和加大摆幅的同时配合腿部动作加快频率。冲刺跑的距离根据自己的体力情况、战术要求和临场情况而定。冲刺时，在接近终点一步前，身体躯干前倾，作出撞线动作。

5. 创新的训练方法

（1）法特莱克训练法，即速度游戏训练法。这种训练法主要选择空气新鲜，地形、地势变化较多，运动员喜欢的自然环境，有意识地采用变速越野游戏的方法进行不同强度的跑、走交替运动，加速跑的持续时间、休息时间及跑的形式由运动员的自我感觉决定。法特莱克训练法的创造和采用丰富了训练思路和训练手段，不会使运动员很快出现疲劳，又能达到很好的训练效果。

（2）高原训练法。高原训练能提高运动员体内糖代谢的调节能力，对提高耐力大有好处。高原训练法总的特点是运动员要经受一定的附加刺激（如氧压变化和缺氧等），使机体产生适应性效果。

二、跳跃

田径运动项目中的跳跃项目包括跳高、跳远、三级跳远和撑竿跳高。由于体育科学的发展、场地器材的更新、运动技术的改进和训练方法的合理，跳跃项目成绩得到大幅度提高。跳跃项目有很强的趣味性，很受青少年的欢迎，在国内外得到广泛开展。从事跳跃项目的训练和比赛，不但可以发展速度、力量和灵敏性等身体素质，而且有助于提高弹跳能力和培养勇敢、果断的品格。

（一）跳远

1. 技术要领

助跑要提高重心、高抬腿、富有弹性、节奏明显。最后几步要有积极向踏板进攻的意识。快速、准确是助跑技术的要点，节奏是完成这一要点的关键。技术动作由助跑、起跳、腾空、落地组成，重点为助跑和腾空步。动作姿势分为蹲踞式、挺身式、走步式。

2. 训练方法

练习 1：原地摆臂动作模仿练习。两腿前后站立，起跳腿在前，起跳腿同侧臂以大臂带动小臂由后下方向前上方摆动，摆动腿同侧臂由前下方向后上方摆动。摆动时，做到耸肩带上体，头部正直，眼看前上方。

练习 2：原地摆动腿模仿练习。两腿前后站立，起跳腿在前。摆动腿前摆时，大小腿要充分折叠，大腿带髋部向上高摆。踝关节自然放松，脚尖不得超过膝关节。两臂配合摆动。

练习 3：原地蹬摆结合练习。摆动腿在前，起跳腿前摆做着地动作。重心前移缓冲，当放脚缓冲后重心和脚跟的连线垂直地面时，开始做蹬摆动作。摆动腿在蹬的基础上向前上方摆，起跳腿在摆的同时快速蹬伸髋、膝、踝关节。摆动腿可落在适当的台阶上。

练习 4：两步助跑起跳练习。两腿前后站立。起跳腿在前，摆动腿向前跑出第一步落地后，积极后蹬推动髋部迅速前移，起跳腿积极放脚起跳。同时，摆动腿积极前上摆，落地时摆动腿先着地。

练习 5：短、中距离的助跑成腾空步练习。丈量步点，采用走步丈量法。先确定助跑步数，然后根据助跑步数确定走的步数。走的步数一般为跑的步数乘 2 减 2。例如，8 步助跑的步数为 8×2－2＝14（走步）。助跑要做到“三高”：高重心、高频率、高速度。起跳强调一个“快”字。

练习 6：利用俯角跳板或斜坡跑道的短、中程助跑起跳腾空步练习。

3. 创新的训练方法

（1）走步式跳远。走步式跳远是急行跳远的一种腾空技术。在走步式中，起跳后两腿在两臂的配合下，腾空时采用 2 步半和 3 步半两种动作技术。要求在空中做大幅度的前后绕环摆动迈步换腿动作来维持身体的平衡，并且与两臂协调配合。落地前，收腹举小腿前伸，上体前倾，两臂同时向下后方摆动。

（2）挺身式跳远。挺身式跳远是技术环节较多的复杂跳远技术动作。快落地时，双脚、双手向身体前方合拢落地。挺身式跳远的练习方法分 5 步：①原地模仿挺身式跳远的空中动作。支撑腿为起跳腿，摆动腿屈膝前摆，随即放腿并向右摆，髋部前展，同时两臂配合腿的动作向下侧后方绕摆至侧上方，注意体会放腿与展髋的动作。②起跳腿支撑站立，随口令做摆臂、摆腿、放腿、挺身、展髋的单足立定跳远，着重体会臂和腿的配合动作。③利用弹簧板做短程助跑起跳成腾空步后，下放摆动腿并落在沙坑内然后跑出，体会摆臂与展体的动作。④利用起跳板做短中程助跑挺身式跳远，要求摆动腿自然下放，髋部前移，展体挺身，收腹举腿落入沙坑。⑤全程助跑挺身式跳远练习，体会完整的技术动作。

（二）跳高

1. 技术要领

助跑要积极加速、步点准、有弹性、节奏好。后段弧线助跑保持身体向内倾斜。过杆时形成较大背弓，充分利用身体重心腾起的高度和身体各环节之间的补偿作用。技术动作由助跑、起跳、过杆、落地组成。动作姿势分为跨越式、俯卧式、背越式。重点是助跑、起跳的结合，过杆动作协调。

2. 训练方法

练习 1：利用跳箱仰卧做背弓成“桥”练习。

练习 2：在垫子上原地站立，后倒背弓练习。

练习 3：原地双腿跳起做后倒背弓练习。背对海绵包站立，然后双脚跳起，肩后倒挺髋，成背弓仰卧落在垫子上，先不要抬大腿，保持小腿自然下垂姿势。

练习 4：原地双脚跳起做背弓过杆练习。背对海绵包站立，背后放一低横杆，屈膝半蹲，两臂在体侧后下方，两臂上摆，提肩提腰，两腿蹬伸跳起，肩后倒挺髋成背弓，小腿自然下垂。下落时，提大腿，甩直小腿。过杆后，以肩背落在海绵包上。

练习 5：确定助跑步点，全程助跑起跳练习。

练习 6：4 步弧线助跑起跳成背弓练习。助跑起跳后，呈背弓姿势，落在高于臀部的海绵垫上，小腿放松自然下垂。强调倒肩、放摆动腿的时机。

练习 7：4—6 步助跑起跳过杆练习。

练习 8：逐渐升高横杆高度的全程助跑背越式跳高完整技术练习。

3. 创新的训练方法

(1) 背越式跳高训练。背越式是跳高运动中一种最实用的技术形式。在背越式跳高的过程中，运动员通过助跑能够为起跳积蓄一定的能量。换言之，助跑实际上就是起跳的根本动力，如果缺少了助跑这一环节，运动员很难完成整个背越式跳高动作。运动员在助跑起跳的过程中，身体的重心会从助跑的最后一步摆腿支撑开始到起跳蹬地结束，是身体保持一个持续上升的过程。起跳及预先的准备动作完全都是在助跑的行进中完成的，运动员在助跑过程中为了降低身体的重心往往会选择身体前倾，这样有利于缩短倒数第二步时的摆腿支撑时间，使整个助跑的速度得到最大限度的提升，为进一步缩短起跳时间创造有利条件。助跑和起跳过程中身体重心的降低及起跳过程中摆腿的蹬伸动作能够使速度由水平方向转化为垂直方向，这样便可以使运动员跳得更高。

(2) 剪式跳高，又称“东方式跳高”，是急行跳高姿势之一。剪式跳高的训练方法是沿垂直横杆方向或稍偏摆动腿一侧的方向助跑。起跳腾空后，摆动腿上杆，做内旋下压动作，上体侧转并向下运动，使臀部弓起；起跳腿外旋绕过横杆下落，下压的摆动腿向上振起，与起跳腿呈剪绞状动作，同时主体与头部越过横杆。

三、投掷

投掷比赛项目有铅球、铁饼、标枪和链球。通过投掷项目的练习可以增强体质，发展躯干和上下肢力量，特别是对爆发力量有明显作用。同时，投掷也是人们日常生活、生产劳动所需要的一种最基本的活动能力。

（一）推铅球

推铅球是一个速度力量性项目。投掷原理表明，铅球出手的初速度、出手角度及出手的高度决定了铅球飞行的远度。推铅球的方法目前主要有两种，背向滑步推铅球法和旋转推铅球法。由于旋转推铅球对运动员的技术、身体素质要求高，所以大多采用背向滑步推铅球法。完整的背向滑步推铅球技术可被分为握球、持球、滑步、转换、最后用力 5 个部分。这 5 部分都要注意维持身体平衡。

1. 握球技术

握球的手五指自然分开，将球放在食指、中指、无名指的指根处，拇指和小指贴在球的两侧，以保持球的稳定。握好球后，将球放在锁骨内端上方，紧贴颈部，掌心向上，右上臂与躯干约呈 90 度，躯干与头部保持正直。

2. 滑步技术

完整的滑步技术包括预备姿势、团身、滑步 3 个部分。

（1）预备姿势（以右手为例）。运动员持好球后，背对投掷方向，身体重心落在右脚掌上，左脚置于右脚跟后方 20—30 厘米处，以脚尖点地，帮助维持平衡。上体与头部保持正直，两眼平视，两肩与地面平行。这种预备姿势（常称高姿势）较为自然，有助于集中精神开始滑步。

（2）团身动作。运动员站稳后，从容地向前屈体，待上体屈到快与地面平行时，屈膝下蹲，同时头部和左腿向右腿靠拢，完成团身动作。

（3）滑步动作。滑步由身体重心后移、左腿向投掷方向伸摆开始，经过蹬伸右腿、回收右脚来完成这一动作。滑步技术的要点：一是两腿动作顺序为左腿在先，蹬伸右腿在后，最后收回右小腿。二是左腿与躯干的关系是左膝伸开应保持与躯干成一直线，直至最后用力开始。三是处理好铅球的位置。当右膝伸开后，铅球约处在右小腿的二分之一处、外侧的垂直线上。当右腿回收后，铅球约处在右膝上方外侧。

3. 转换技术

转换技术也叫过渡步技术。回收右小腿结束，以脚尖着地，紧接着将左脚插向抵趾板，以脚掌内侧着地。右腿着地时，体重大部分落在右腿上；左腿着地时，身体重心移至两腿之间。在这一过程中，运动员上体和头部姿态没有明显变化。

4. 最后用力

最后用力可被分为准备和加速两个部分。

（1）最后用力的准备部分。从左腿落地到身体形成侧弓。在这一过程中，投掷臂尚未给铅球加速，仅是依靠右膝的内压、右腿的转蹬推动骨盆侧移。由于上体不主动抬起、头颈不主动扭转，而使身体左侧保持最大拉紧状态，为最后的加速用力创造有利条件。

（2）最后用力的加速部分。躯干形成侧弓后，在左腿有力的支撑下，利用躯干的反振作用，顺势转肩伸臂完成整个投掷动作。在最后用力过程中，左腿的支撑作用十分重要，它不仅可以提高铅球的出手点，更重要的是可以提高手臂的鞭打速度。左臂通过上、下方位的摆动，可控制胸大肌横向弓展和推球手臂鞭打的距离。

5. 身体平衡

铅球出手后，为了防止犯规，常采用换步和降低身体重心减缓冲力，以维持身体平衡。

6. 创新的训练方法

推铅球创新的训练方法以超等长训练法最具代表性。超等长训练法在推铅球训练中的应用有两个重点：超等长俯卧撑和预抛接球后快速推出。

超等长俯卧撑是指将双手的手指相对，肘关节向外，模仿进行铅球投掷时的动作，用手臂向上撑起身体，双手击掌后落回地面，手臂应缓慢地进入连续的曲臂阶段，对手臂的主动肌进行充分的拉长。超等长俯卧撑能够有效地对上肢的肌肉拉伸度进行锻炼，激发上肢的爆发力，对于纠正铅球投掷中容易出现的掉肘的错误动作有很好的锻炼效果，还可以增加手指和手腕的力量和锻炼运动员的推拨动作。

预抛接球后快速推出是指身体采取正面或侧面站立，投掷臂在进行肩上预抛接球之后迅速地推球。这种训练方法的原理是抛球后预接推动能够使身体形成一个反弓形，造成力量的积蓄，使相关肌肉得到一定的拉伸，存储了一定的拉伸势能，为第二次推球用力储备强大的爆发力。在抛球和接球的过程中，右肩低于左肩，头部向右旋转，身体左侧肌肉群被拉伸，处于最大的拉伸状态，加长了推手臂的鞭打距离，为铅球抛出的最后爆发力提供基础。

（二）掷铁饼

掷铁饼是奥运会和世界田径锦标赛的一项比赛项目。比赛时，投掷者一手持铁饼，在投掷圈内通过旋转动作将铁饼掷出尽可能远的距离。正式比赛中，铁饼的重量男子为 2 千克，女子为 1 千克；投掷圈内圈直径为 2.50 米，有效区角度为 40 度。从技术结构上讲，完整的掷铁饼过程可被分为握法、预备姿势、预摆旋转、最后用力和铁饼掷出后的身体平衡 5 个部分。

1. 技术和要领

（1）握法。五指自然分开，拇指和手掌平靠铁饼，其余四指的最末指节扣住铁饼边沿，铁饼的重心在食指和中指之间，手腕微屈，铁饼的上沿靠在前臂上，持饼臂自然下垂于体侧。

（2）预备姿势和预摆。预备姿势要背对投掷方向，两脚左右开立约一肩半，站于圈内靠后沿处的投掷中线两侧。两脚平行开立或左脚稍后，持饼臂自然下垂于体侧，眼平视。预摆是为了获得预先速度，为旋转创造有利条件。目前常见的预摆有两种：左上右后摆饼法和身体前后摆饼法。一是左上右后摆饼法。开始时，持饼臂在体侧前后自然摆动，当铁饼摆到体后时，体重靠近右腿，接着以躯干带动持饼臂向左上方摆起；当铁饼摆到左上方时，左手在下托饼，体重靠近左腿，上体稍左转。回摆时，躯干带动持饼臂将铁饼摆到身体右后方，身体向右扭紧，体重处于右腿上，上体稍前倾，左臂自然微屈于胸前，眼平视，头随上体的转动而转动。二是身体前后摆饼法。开始时，持饼臂在体侧前后自然摆动，当铁饼摆向体前左方时，手掌逐渐向上翻转，右肩稍前倾，体重靠近左腿。铁饼回摆到体后时，手掌逐渐翻转向下，体重由左向右移动，上体向右后方充分转动，使身体扭转拉紧。这种方法动作放松、幅度大，目前大多数优秀选手都采用这一方法。

（3）旋转。预摆结束后，弯曲的右腿蹬地，上体向左转动，同时左膝外展，体重由右脚向边屈边转的左腿移动；接着，两腿积极转动，并且以左脚前脚掌为轴向投掷方向转动，身体向投掷方向倾斜，投掷臂在身后放松牵引铁饼。当左膝、左肩和头即将转向投掷方向时，右膝自然弯曲，以大腿发力带动整个腿绕左腿向投掷方向转扣（右脚离地不能过高）。这时，左髋低于右髋，身体成左侧单腿支撑旋转，接着以左脚蹬地的力量推动身体向投掷圈的中心移动，右腿、右髋继续转扣。当左脚蹬离地面时，右腿带动右髋快速内转下压，左腿屈膝迅速向右腿靠拢，左肩内扣，上体收腹稍前倾。接着，左脚积极后摆，以脚掌的内侧着地，落在投掷圈中线左侧、圆圈前沿稍后的地方，身体处于最大限度的扭转拉紧状态，铁饼远远留在右后方，左臂自然微屈于胸前，为最后用力做好准备。

（4）最后用力和身体平衡。当左脚着地时，右脚继续蹬转，使右髋积极向投掷方向转动和前送。接着，头向投掷方向转动，左臂微屈于胸前，胸部开始向前挺出，体重逐渐移向左腿。当体重移向左腿时，右腿继续蹬伸用力，以爆发式的快速用力向前挺胸挥饼。与此同时，左腿迅速用力蹬伸，左肩制动，成左侧支撑，使身体右侧迅速向前转动，将全身的力量集中在铁饼上。当铁饼挥至右肩同高并稍前时，使小指到食指依次用力拨饼出手，使铁饼沿顺时针方向转动向前飞行。铁饼出手后，应及时交换两腿，身体顺惯性左转，同时降低身体重心，维持身体平衡。

2. 错误及纠正方法

（1）双腿支撑起动进入单腿支撑旋转阶段，身体失去平衡。产生这种问题的原因在于进入旋转时，上体过早倒向圆心；身体还没有形成左侧支撑转动轴时，左肩和上体过早倒向圆心。

纠正方法有两种：一是徒手双支撑进入单支撑的模仿练习，体会身体由右向左向圆心转动的路线及单支撑时身体的平衡感觉。二是徒手或持辅助器械做旋转至双脚着地成用力姿势的练习，重点体会双支撑进入单支撑身体平稳转动与向前的结合。

（2）双腿支撑进入单腿支撑旋转阶段，上下肢的动作结构不合理。产生这种问题的原因在于左肩和左臂过早打开并过早向圆心方向摆动，使上体突然加速，破坏了上下肢的合理动作结构。

纠正方法有两种：一是徒手做开始起转练习，强调下肢的积极主动转动，特别是左腿的屈膝转动。二是徒手旋转至双腿支撑用力前姿势，重点体会左肩和左臂向圆心做弧形摆动的路线，使左肩、左臂与左腿和左膝形成一体转动。

（3）旋转后两脚落地的位置过于偏左或偏右。产生这种问题的原因在于起转时，左脚转动的方向没有到位，右脚弧形摆动转髋的方向控制不准确。

纠正方法：多做开始起转的练习，重点要求两腿支撑转动的程度和右腿弧形摆动与左腿支撑转蹬的配合，在圈内使用标志进行检查。

（4）旋转后用力前，上体过早抬起使身体重心前移。产生这种问题的原因在于对最后用力技术概念不清楚，上体发力时间过早，同时身体素质较差，特别是腿部和腰背腹肌力量差。

纠正方法有两种：一是明确技术概念，多做徒手或持辅助器械旋转至用力前的姿势，强调旋转过程中始终保持半蹲收腹扭转。二是发展腿部和腰背腹肌力量。

（5）旋转后用力前倾，髋轴与肩轴没有形成扭转拉紧的最后用力姿势。产生这种问题的原因是旋转后没有控制好上体的继续旋转和有意识留住持饼臂，使饼过早前摆；下肢转动不积极。

纠正方法：在教师的帮助下做徒手旋转练习，要求学生适当控制上体，让学生体会旋转过程中下肢积极主动，特别是单腿支撑的转动；要求前脚掌支撑转动，不能用全脚掌着地，并且体会上体被动放松、投掷臂留在身后的肌肉感觉，并且指出旋转后、用力前铁饼所在的位置。

（6）旋转至右脚着地成单支撑阶段明显停顿或转不起来。产生这种问题的原因有三：一是右腿摆动右髋转扣时，左腿蹬地力量不够，使重心没有移到右脚的支撑点上方。二是右腿弧形摆动与左腿转蹬过于向上，形成跳起过高，重心起伏较大，易使落地形成制动，从而造成旋转动作停顿。三是右脚落地时用全脚掌着地。

纠正方法有两种：一是多做开始起转腾空后衔接单支撑的转动练习，要求低平摆动，防止高跳。二是多做单支撑转动的专门练习，要求学生掌握单支撑转动阶段合理的身体结构，特别是重心、转动轴和左腿的积极后摆，体会单支撑转动的肌肉感觉。

（7）最后用力上体过早发力，没有发挥下肢转动用力的能力。产生这种问题的原因在于右腿右髋转动用力技术不熟练，上体和手臂用力时机掌握不好。

纠正方法有三：一是双人对抗练习，使学生体会右腿右髋主动用力的肌肉感觉。二是练习原地投，强调由下而上的用力顺序。三是投掷辅助器械，强调最后用力时前半部分下肢的积极用力作用与后半部分上体爆发式用力的配合动作感觉。

（8）最后用力向前不够。产生这种问题的原因在于最后用力两脚开立距离过小，同时右腿右髋转蹬前送不够，没有形成良好的左侧支撑用力。

纠正方法：徒手或持木棒做打树叶练习，要求两脚开立宽于肩；右腿右髋转动中推动身体重量靠近支撑的左腿；手或木棒接触树叶的那一点即出手点；胸带臂向前平打，不要提肩。

(9) 最后用力向左侧倒。产生这种问题的原因在于左侧支撑用力意识差，左肩没有制动动作。

纠正方法有两种：一是徒手或持辅助器械做最后用力模仿练习，重点强调左腿的支撑用力动作和左肩的制动动作。二是初学者要求以“支撑投”动作类型为主，强调发挥支撑转动用力的作用。

以上各项是训练时常见的易犯错误动作，由此衍生的错误动作多种多样，教师纠正时首先要分析错误产生的原因，根据学生的具体情况和教学条件采用纠正的手段。一般应让学生明确该环节技术的概念，采用单个的、局部动作的专门练习体会肌肉感觉，再要求在完整技术中能作出正确的动作，反复练习，达到改进动作的目的。

3. 创新的训练方法

目前，数字铁饼已经成为掷铁饼项目中的创新训练方法。由于数字铁饼规格符合国际田联对男子用铁饼的标准，因而可以作为运动员实际训练用饼。在正常训练的同时，数字铁饼可以采集运动员投掷中铁饼的加速度和角速度信息，对运动员的训练提供帮助。

(1) 数字铁饼的整体结构。数字铁饼通过螺丝将上下壳联结，构成一个整体，功能电路与下壳固定连在一起，上下壳之间在适当位置放置质量补偿块和弹性体材料，减小数字铁饼在触地时的冲击对内部结构的损伤。

(2) 运动员采用现在比较常见的背向旋转投掷技术，数字铁饼把运动员每次投掷中铁饼的运动学数据都存储在饼体内的存储器中，训练测试完毕后，由上位机通过 USB 接口读取铁饼的运动学信息，并且按一定格式保存，上位机可以通过专门软件对这些数据进行分析。

第二节　球类运动与训练

球类运动是世界最流行的运动之一。本节只对足球、篮球、乒乓球、羽毛球进行详细阐述。

一、足球

现代足球起源于英国，是当今世界上最有影响、开展最广泛的一项运动，被誉为“世界第一运动”。足球运动是以脚支配球为主体，在踢、运、停、顶、守门等基本技术的基础上，两队互相攻、对抗，是以射门为目标，以射入球多少判定胜负的球类运动。足球运动的激烈对抗性有利于培养队员的顽强拼搏精神、团队精神和意志品质，以及全面改善和增强身体素质。

（一）技术

足球的基本技术分控球、踢球、运球、接球、头顶球、抢截球、掷界外球和守门员技术八种。

1. 控球

控球是持球队员以脚的各个部位，通过拖、拨、扣、颠、推、挑等动作，将球置于自身控制范围之内的技术。

（1）拖球。拖球是脚底触球的上部，将球由前向后或由左（右）向右（左）进行拖拉的动作。当拖球到位后，一般均以脚内侧做挡球动作，然后进入下一动作。

（2）拨球。拨球是持球队员用脚腕抖拨的动作，以脚背内侧或脚背外侧触球，使球向侧方或侧后（前）方滚动。拨球根据脚触球部位的不同分“内拨”和“外拨”两种。运用脚背内侧拨球称“内拨”，以脚背外侧拨球称“外拨”。拨球技术通常是与对手相持、当对方伸脚抢球时进行的动作。

（3）扣球。扣球是持球队员快速转身变向，用踝关节急转压扣球的动作，以脚背内侧或脚背外侧触球，将球迅速停住或转变球滚动的方向。用脚背内侧扣球的动作称“内扣”，用脚背外侧扣球的动作称“外扣”。扣球动作改变方向后，用推拨动作突然加速越过对手。

（4）颠球。颠球是持球队员用身体各有效部位连续击球，并且尽量不使球落地的技术动作。经常练习颠球，能有效地促进人体对球的各种特性（弹性、重量、旋转等）的掌控程度，同时加深练习者对触球部位、击球力量的感觉。颠球的部位包括脚背、脚内侧、脚外侧、大腿、头部、胸部、肩等。

2. 踢球

踢球是有目的地把球传给同伴或射门的动作，它是完成战术配合的主要手段。同时，它也是足球基本技术中的主要技术。踢球的方法有很多种，包括脚内侧踢球、脚背正面踢球、脚背内侧踢球等。

（1）脚内侧踢球的动作要点：①直线助跑，最后一步步幅稍大，支撑脚踏在球侧 12—15 厘米处，膝关节微屈，脚尖正对出球方向。②踢球脚屈膝外展，脚底与地面平行，脚尖微上翘。③小腿加速前摆，用脚内侧部位击球的中后部，用推送或敲击的踢法将球击出。

（2）脚背正面踢球的动作要点：①直线助跑，最后一步步幅稍大，支撑脚积极着地，踏于球侧 10—12 厘米处，膝关节微屈，脚尖正对出球方向。②踢球腿以髋关节为轴，大腿带动小腿由后向前摆动，击球一刹那，脚面绷紧，脚背绷直。③小腿加速前摆，以脚背正面部位击球的后中部。④击球后，身体及踢球腿随球前移。

（3）脚背内侧踢球的动作要点：①斜线助跑，与出球方向约成 45 度角，最后一步略大，支撑脚外沿积极着地，踏于球的侧后方 20—25 厘米处，膝关节微屈，脚尖指向出球方。②身体稍向支撑方一侧倾斜，踢球腿以髋关节为轴，大腿带动小腿向前摆，大腿摆至与支撑腿接近同一平面时，小腿加速做鞭打动作。③踢球腿击球时，脚尖稍外转指向地面，脚趾紧扣，脚背绷直，脚跟提起。④以大腿带动小腿加速前摆，根据传球的目标，击球的后中部或中下部，传出的球会出现高、中、低不同的效果，击球后继续随球前移。

3．运球

运球技术是指持球队员在跑动过程中有目的地用脚的某一部位推拨球，使球保持在自己控制范围内的连续触球动作。运球技术包括运球和运球突破。常用的运球方法有正脚背面运球、脚背内侧运球、脚背外侧及脚内侧运球等。

（1）脚背外侧运球的动作要点：①持球队员身体自然放松，上体稍前倾，双臂自然摆动，步幅中小。②运球时，膝关节弯曲，提脚跟。③脚尖内扣，用脚背外侧推拨球的后中部。

（2）脚背内侧运球的动作要点：①持球队员身体自然放松，上体前倾并向运球方向转动，步幅小，双臂自然摆动。②运球时，膝关节稍弯曲，脚跟提起。③脚尖稍向外转，在迈步前冲着地前，用脚背内侧推拨球。

4．接球

接球是队员有意识、有目的地利用身体的合理部位，把运行中的来球停挡在自身控制范围之内的技术。一般常用的接球方法有脚内侧接球、脚底接球、胸部接球等。但不管采用何种接球方法，都应包括判断球速、落点、接球及接球后控球四个过程。接球形式包括接地滚球、空中球和反弹球三种。

（1）脚内侧接球。

接地滚球动作要点：①支撑脚正对来球，膝关节微屈。②接球脚屈膝外转，脚尖稍翘起主动前迎来球。③球接触脚内侧一刹那，接球脚后撤缓冲，把球控制在便于衔接下一个动作处。

接反弹球的动作要点：①支撑脚踏在球的落点侧前方，屈膝上体稍前倾。②接球脚放松提起，用脚内侧对准球的反弹角度。③当球反弹刚离地时，用脚内侧部位推压球的中上部。

接空中球的动作要点：①根据来球的高度，接球脚举起前迎，对准来球路线。②当球与脚内侧接触瞬间，后撤缓冲。③把球控制在有利于衔接下一个动作的位置。

(2) 脚底接球。脚底接球包括接地滚球和接反弹球两种技术。

接地滚球的动作要点：①支撑脚踏于球的侧后方，屈膝脚尖正对来球。②接球脚提起，自然屈膝，脚尖上翘高于脚跟，踝关节放松。③用脚掌前部触球的中上部。

接反弹球的动作要点：①支撑脚踏在球落点的侧后方，对准来球反弹角。②当球着地瞬间，用脚掌前部对准球的反弹路线，推压球的中上部。

(3) 胸部接球。胸部接球是利用胸部接球的一种技术动作。其特点是面积大，有弹性，争取接球时间，易于掌握。胸部接球分挺胸式和收胸式两种。

挺胸式接球的动作要点：①面对来球，双臂自然张开，两脚分开微屈膝，重心落于两脚之间。②当胸部与球接触前瞬间，两脚蹬地，胸部稍上挺，收腹，上体后仰缓冲来球力量。③以胸部触击球后，使球落于自己能控制的范围。

收胸式接球的动作要点：①面对来球，两脚开立，双臂自然张开，挺胸迎球。②当球与胸部接触前瞬间，收胸、收腹，同时臂部后移，使来球缓冲。③以胸部接球后，使球落于自己能控制的范围。

(4) 大腿接球的动作要点：①大腿与球接触的刹那，迅速撤引缓冲。②以大腿中部接触下落的球，使球落于有助于衔接下一个动作的位置处。

5. 头顶球

头顶球作为争取时间、争夺空间的有效手段，在比赛中被广泛使用，是指队员有意识、有目的地用前额正面或侧面将球击向预定目标的动作。

(1) 原地前额正面头顶球的动作要点：①身体正对，两眼注视来球，两脚前后开立，微屈膝，上体后仰展腹，重心落于后脚，双臂自然张开。②球运行至身体垂直上方时，后脚用力蹬地，收腹，快速向前屈体，重心由后脚移向前脚。③击球时，颈部肌肉紧张，用前额正面顶球的后中部，上体随球前摆。

（2）跳起前额正面头顶球的动作要点：①原地起跳时，双脚用力蹬地，两臂屈上摆自然张开，身体在上升中，上体后仰展腹呈反弓形，注视来球。②球运行至身体垂直上方时，收腹，上体快速前摆，颈部紧张。③用前额正面把球顶出，随后屈膝缓冲落地。

6. 抢截球

抢截球是转守为攻的积极手段，是防守技术的综合体现。抢截球包括抢球和截球。抢球是指在足球规则允许的条件和动作下，把对手控制的或将要控制的球抢夺过来或破坏掉。截球是指将对手相互间传出的球堵截或破坏掉。

（1）正面跨步抢截球的动作要点：①两脚前后开立，膝微屈，身体重心下降并落于两脚间。②当对手脚触球后，脚即将落地或刚落地的瞬间，抢球者后脚用力蹬地，抢球脚以脚内侧堵截球；当球被堵时，另一脚快速跟上。③如双方同时触球，则抢球脚顺势向上提拉，使球从对手脚背滚过，并且身体重心迅速跟上，控制球。

（2）侧面合理冲撞抢球的动作要点：①当防守队员与对手并肩跑动追球时，身体重心下降。②用靠近对手方一侧的手臂，以肩部以下、肘以上的部分贴紧自己身体去冲撞对手相同部位，使对手失去平衡而失去球的控制，乘机把球夺下。

7. 掷界外球

掷界外球是指在比赛中越出边线的球，按足球竞赛规则，用手将球掷入场内，恢复比赛的一项技术。掷界外球有原地掷界外球和助跑掷界外球两种。

（1）原地掷界外球的动作要点：①面向比赛场地，双手持球于头后。②把球从头后经头顶用连贯的动作把球掷入场内。③球掷出后，双脚均不得全部离地和踏进场内。

（2）助跑掷界外球的动作要点：①助跑时，双手持球于胸前，助跑距离不宜太长。②掷球的动作与原地掷界外球相同。

（二）训练

1. 比赛阵形

比赛阵形是比赛场上队员的位置排列、攻守力量搭配和职责分工的形式。阵形人数排列一般是从后卫排向前锋，根据队员排列层次分成后卫线、前卫线、前锋线。守门员职责固定，一般不予计算。常见的比赛阵形有“4-3-3”“4-4-2”“3-5-2”“4-5-1”等。

（1）4-3-3 阵形的特点。在这个阵形中，把 3 个前锋放在前锋线上，中场也设立了 3 名球员，不但加强了防守，还使进攻的方式变得更加灵活。一般来说，此阵形中的后卫可分为两个中后卫、两个边后卫，使防守更加有层次，更加有立体性。前卫可分为一前二后或二前一后，不管哪种安排，中场都必须起到一个攻守的枢纽作用；边前卫主要负责加强进攻，中前卫主要负责组织进攻和参与防守。前锋也可分为中锋和边锋两种：边锋主要通过运球突破对方防守、射门或传中，同时要负起门前强点射门的任务；中锋是锋线的尖刀，主要是突破、抢点和射门。

（2）4-4-2 阵形的特点。此阵形和 4-3-3 阵形最大的区别就是把一个前锋队员放到了中场，加强了防守。后防的位置和任务基本和 4-3-3 阵形一样。中场有 4 名队员，有利于防守，同时也有利于夺取中场的优势和主动权。前锋的要求是突破能力强，善于把握破门的机会。整个队员的分布虽然是攻少守多，但是可以通过合理有序的组织，保证比赛中攻守力量的平衡。

（3）3-5-2 阵形的特点。此阵形最明显的特点是中场人数多、力量强大，有利于控制中场主动权，有效地阻止对方的进攻，减轻后场的防守压力；后卫线的 3 名队员大胆地紧逼盯人，相互保护补位；中场队员插上进攻的点多，而且隐蔽性较强。

（4）4-5-1 阵形的特点。此阵形是一个相对侧重于防守的阵形。后卫线的 4 名队员主要的力量用于防守，并且协助控制中场和组织进攻；中场人数多、力量大，能够很好地控制中场的主动权，减轻后场的防守压力；前锋线上只有 1 名队员，进攻的力量相对薄弱，不过从防守反击战术来说，也有它的优势所在。

2. 进攻战术

（1）个人进攻战术。个人进攻战术是队员在比赛中为了战胜对手、完成整体进攻任务而采取的个人行动。它包括摆脱与跑位、传球、射门等。

第一，摆脱与跑位。每当队员得球，都要发动进攻，同队队员要迅速摆脱对手，造成空当，给有球同伴创造多条传球路线以更好地进攻。摆脱对手紧逼可采用突然启动、冲刺跑、急停、突然变向、变速和假动作等。跑位就是有目的地跑向有利位置或空当。跑位能使自己在短时间内摆脱对手接球，推进进攻。

第二，传球。传球是配合的基础，是完成战术配合创造射门机会的主要手段。选择目标、把握时机、控制力量与方向是传好球的重要环节。

第三，射门。射门是一切战术配合的最终目的。准确、有力的射门，往往使守门员猝不及防而失球。

（2）局部进攻战术。局部进攻战术是指进攻中两队或几个队员之间的配合方法。它是集体配合的基础。其配合形式有“二过一”配合、传切配合、三人配合等。局部进攻战术通常以“二过一”配合为基础。“二过一”配合是在局部地区两个进攻队员通过两次以上的连续传球配合越过一个防守队员的配合行动。“二过一”配合包括“斜传直插二过一”“直传斜插二过一”“回传反切二过一”，以及“踢墙式二过一”“交叉掩护二过一”。

（3）整体进攻战术。这是指阵地进攻中的边路传中、中路渗透、中路转移。边路传中是指在对方半场两侧地区发动的进攻，通过传中来创造射门机会。此方法是针对对方边路防守人数较少、空间较大的缺点，突破防线，然后传中，由中路或异侧的同伴包抄完成射门。中路渗透一般包括后场发动进攻、中路发动进攻、前场发动进攻三种形式。中路转移是针对比赛中中路聚集着双方较多的队员、中路渗透不能奏效的情况，将球从中路转移到边路以分散防守力量，然后从边路突破或传中的一种进攻战术。快速进攻是非常有效的一种进攻战术，主要特点就是由守转攻时对方的防守还不是很到位，通过最简单的快速传递配合来创造射门机会：一是守门员获得对方射门的球时，守门员快速地踢球或手抛球发动进攻；二是在中前场抢截到对手的球时，马上快速发动进攻；三是在中后场获得任意球时，快速发球也能获得快攻机会。

3. 防守战术

（1）基础战术。①选位和盯人。它是防守战术中的基础。防守队员站位时，一般应处于对手与本方球门中心所构成的一条直线上。一般情况下，对对方有球队员及可能接球的队员要紧逼，对离球远的对手可采用松动盯人的方式。②局部防守配合。保护和补位是局部地区集体防守的基础，队员之间应保持适当的斜线站位。当一侧被突破时，另一个应立即补位，被补位队员迅速回到补位队员的位置。

（2）全队战术。①人盯人防守。除拖后中卫外，每个队员都要盯住一个指定对手。原则上，对手跑到哪里就盯到哪里，拖后中卫进行区域防守，执行补位的任务。②区域盯人防守。每个队员在自己防守的区域内进行盯人防守，无论哪个对手进入自己的防区，都要盯住他。一般不越区盯人，拖后中卫执行补位的任务。③混合防守。混合防守是现代足球用得较多的一种防守方法，就是把人盯人防守和区域盯人防守结合起来。一般拖后中卫执行补位，另外 3 个后卫盯人，前卫和前锋区域盯人。④全攻全守。防守时，每个队员都有防守任务。防守的关键是场上队员要做到延缓对方进攻；快速回防到位，保持防守层次；紧逼盯人，严密守住球门前 30 米区域。

在现今的比赛中，全队的防守方法一般有三种。第一种是在进攻丢球后立即就地抢截；第二种是在进攻中丢球后，前锋队员在前场封抢，其他队员立即退回本方半场防区进行防守抢截；第三种是在进攻失误丢球后，全队退至禁区前组织密集防守，阻击对方的进攻。

4. 创新的训练方法

（1）街头训练法。街头训练通过增加球员的触球次数和足球练习时间，调动球员的积极性和热情，进而提高球员的技术能力、对抗能力、对抗中的技术运用能力、即兴发挥能力和创造力等。

在街头训练中，球员要综合发展，适应不同的位置，进而提升其比赛能力。传统训练的缺点是一名球员从小就被固定在一个位置，长此以往，一个边前卫往往只会顺着边路走，一到中路就一脸懵懂，或者防守队员不会进攻、进攻队员不会防守，街头足球不限规则和形式，球员自由组合，恰恰可以弥补这个缺陷。

（2）多球训练法。多球训练法训练学生脚内侧运球能力。训练时，将学员进行分组，以 20 米为单位，每个小组的学员依次进行运球练习，在带球到达终点时，再用脚内侧将另一球运转折返。如此循环往复，每一个人大概连续进行 10 个球的运球练习。当一名学生完成以后，便轮换至另一学生，教练在旁轮流进行纠错指导。学生对运球过程中出现的错误进行改正，接着反复进行高密度的练习，自身肌肉记忆容量也会得到提升，对脚内侧运球的技术动作便会定型，教练的训练也会收到事半功倍的效果。

二、篮球

篮球运动起源于美国，最初是将两个竹制桃篮钉在健身房内看台的栏杆上，向桃篮投球的游戏。篮球运动是将球投入对方球篮、以得分多少决胜负的集体球类运动项目，是最受人们喜爱的球类运动项目之一。

（一）技术

篮球技术是队员在比赛中以攻守为目的所运用的各种专门动作的总称，是队员进行比赛的主要手段。基础阶段基本技术掌握得好坏，直接影响着队员高难度动作的掌握和篮球水平的提高。因此，在开始阶段练好基本技术对在今后比赛中取胜有着重要的意义。

1. 移动技术

（1）起动。从基本站立姿势开始，向前起动时以后脚或异侧脚（向侧起动）前脚掌短促有力地蹬地，同时上体迅速前倾或侧转，向跑动方向移动重心，手臂协调摆动，充分利用蹬地的反作用力迅速向跑动方向迈出。

动作要点：移重心，起动后的前两三步前脚掌蹬地要短促有力。

（2）变向跑。变向跑是队员在跑动中利用方向的变化完成攻守任务的一种方法。从右向左变向时，最后一步用右脚前脚掌内侧用力蹬地，同时脚尖稍加内扣，迅速屈膝降重心，腰部随之左转，上体向左前倾，移动重心，左脚向左前方跨出，蹬地脚及时跟上。

动作要点：变方向的瞬间屈膝降重心、移重心，异侧脚前脚掌内侧迅速蹬地，同侧脚迅速跨出，蹬地脚及时跟上。

（3）侧身跑。侧身跑是队员在向前跑动中，为观察场上情况，侧转上体进行攻守动作的一种方法。队员在向前跑动时，头部与上体侧转向球的方向，脚尖正对跑动的前进方向，内侧腿深屈，外侧脚用力蹬地。

动作要点：面向球转体，切入方向的内侧腿深屈，外侧脚用力蹬地，重心内倾。

（4）急停。

第一，跨步急停。急停时向前跨出一大步，腿微弯曲，脚跟先着地，同时上体稍后仰，重心后移，上第 2 步时重心下降，用脚掌内侧蹬地，停后重心移至两脚上。动作要点：第 1 步要大，第 2 步要跟得快，脚前掌内侧用力蹬地。

第二，跳步急停。移动中用单脚或双脚起跳，上体稍后仰，落地时全脚掌着地，两腿弯曲，两臂屈肘微张，以保持身体平衡。动作要点：重心放在两脚之间，两腿弯曲，两臂屈肘在体侧，保持平衡。

（5）滑步。滑步是防守移动的一种主要方法，可分为侧滑步、前滑步和后滑步。以侧滑步为例，滑步前，两脚左右开立约与肩同宽，膝微屈，上体稍前倾，两臂侧伸，目平视。向左滑步时，右脚前脚掌内侧用力蹬地，左脚同时向左跨出，在落地的同时，右脚迅速随同滑行，然后重复上述动作。滑步时，身体要保持平稳。

动作要点：重心平稳，移动时做到异侧脚先蹬，同侧脚同时跨出，异侧脚再跟上。

2. 传球技术

传球是篮球比赛中进攻队员之间有目的地转移球的方法。它是场上队员之间相互联系和组织进攻的纽带，是实现战术配合的具体手段。

（1）双手胸前传球。两手手指自然分开，拇指相对呈八字形，用指根以上的部位持球，手心空出，屈肘持球于胸前。传球时，后脚蹬地重心前移，同时前臂迅速向传球方向伸出。拇指用力下压，手腕前屈，中、食指用力拨球将球传出。

动作要点：蹬地，展体，伸臂，扣腕，手腕急促地由下而上、由内向外翻；同时，拇指下压，中、食指用力拨球。

（2）单手肩上传球。以右手传球为例，双手持球于胸前，两脚平行开立。传球时，左脚向传球方向迈出半步，同时将球引至右肩上方，肘外展，右手托球，左肩侧对传球方向，重心落在右脚上，右脚蹬地，身体向传球方向转动，以大臂带动小臂，肘关节领先，前臂迅速向前挥摆，手腕前屈，通过食指和中指拨球将球传出。球出手后，重心前移，右脚向前迈出半步，保持基本站立姿势。

动作要点：转体挥臂，扣腕，自下而上发力。

3. 运球技术

运球是一项重要的进攻技术，是控制球、组织战术配合及突破防守的重要手段。

（1）高运球。运球时，两腿微屈，目平视，运球手用力向前下方推压球，球的落点在身体的侧前方，使球反弹起的高度在腰腹之间，手脚配合协调，使球有节奏地向前运行。

（2）低运球。两脚前后开立，两腿弯曲，重心下降，上体前倾，用远离防守队员的手用力向下短促地推压球，使球从地面向上反弹起的高度在膝部以下。

动作要点：大小臂的发力要协调，手腕的用力要柔和，控制好球的反弹高度。

（3）运球急停。在快速运球中突然急停时，手拍按球的前上方。运球疾起时，迅速起动，拍按球的后上方，注意用身体和腿保护球。

动作要点：运球急停急起时，要停得稳、起得快。

（4）转身运球。以右手运球为例，变向时，右脚在前为轴，做后转身的同时，右手将球拉至身体的左侧前方，然后换手运球加速前进。

动作要点：运球转身时要降低重心，拉球动作和转身动作要连贯一致。

（5）背后运球。以右手运球为例，向左侧变向时，右脚在前，右手将球拉到右侧身后，迅速转腕拍按球的右后方；将球从身后拍按至身体的左侧前方，然后左手接着运球，左脚向前加速前进。

动作要点：右手将球拉至右侧身后时，要以肩关节为轴，迅速转腕拍按球的后上方。

4. 突破技术

持球突破是持球队员运用脚步动作和运球技术快速超越对手的一项攻击性技术。

（1）交叉步突破。以右脚做中枢脚为例，两脚左右开立，两膝微屈，降低身体重心，持球于胸腹之间。突破时，左脚前脚掌内侧用力蹬地，上体稍右转，左肩向前下压，重心移向右前方，左脚向右侧前方跨出，将球引于右侧，右手运球，中枢脚蹬地向前跨出，迅速超越对手。

（2）顺步突破。准备姿势和突破前的动作要求与交叉步相同。突破时，右脚向右前方跨出一步，向右转体探肩，重心前移，右手将球运在右脚的外侧，左脚迅速蹬地，向右前方跨出，突破防守。

5. 抢断技术

抢断技术包括抢球、打球、断球，这些是防守中具有攻击性的技术，是积极的防御思想在防守过程中的体现，是积极防守战术的基础。

（1）抢球。抢球动作可被分为两种：一种是转抢，防守队员抓住球的同时，迅速利用手臂后拉和两手转动的力量，将球从对方手中抢过来。另一种是拉抢，防守队员看准对手的持球空隙部位，迅速用两手抓住球后突然猛拉，将球抢过来。

动作要点：判断准确，下手及时。

（2）打球。打持球队员手中的球时要根据持球的部位采用不同的动作。队员持球高时，打球时掌心向上，用手指和手掌打球的下部；队员持球低时，打球时掌心向下，用手指和手掌打球的上部。

动作要点：打球时，动作要小而快，切忌过大过猛。

（3）断球。断球方法有两种，一是横断球，二是纵断球。横断球时，降低身体重心，当球由传球队员传出时，单脚（或双脚）用力蹬地，突然跃出（两臂前伸将球断掉）。纵断球时，当防守队员从接球队员的右侧向前断球时，右脚先向右侧前方跨出半步，然后侧身跨左脚绕过对方，左脚（或双脚）用力蹬地向前跃出，两臂前伸将球断掉。

动作要点：掌握断球时机，动作快速突然。

6. 抢篮板球技术

比赛中，双方队员在空中争抢投篮未中从篮板或篮圈反弹出来的球，统称抢篮板球。抢篮板球技术又分抢进攻篮板球和抢防守篮板球。抢篮板球技术由抢占位置、起跳动作、抢球动作等组成。

（1）抢占位置。无论是进攻队员还是防守队员，在抢篮板球时，应根据对手和投篮队员所处的位置，判断球的反弹方向，运用快速的脚步移动，抢占对手与球篮之间靠内线的位置，力争将对手挡在自己的身后。

动作要点：判断准确，移动及时，抢位得当。

（2）起跳动作。两腿屈膝，重心降低，上体稍前倾，两臂稍屈，举于体侧。起跳时，两脚用力蹬地，两臂上摆，手臂向上伸展，腹、腰协调用力。防守队员一般多采用转身跨步起跳，进攻队员则多采用助跑单脚起跳或跨步双脚起跳。

动作要点：起跳迅速，时机掌握好。

(3) 抢篮板动作。双手抢篮板球时，两臂用力伸向球反弹的方向。身体和手达到最高点时，双手将球握紧，腰腹用力，迅速屈臂将球下拉置于身前。单手抢篮板球时，身体在空中要充分伸展，达到最高点时，手臂要伸直，指端触球，用力屈腕、屈指、屈臂拉球于胸前，另一手护球。当遇到对方身材比较高不能直接得到球时，可用手指点拨的方法，将球点拨给同伴或点拨到自己便于接球的位置。

动作要点：抢到球时，要迅速持球到有利位置，并且加以保护或采取下一个进攻动作。

（二）训练

1. 组织战术

根据战略指导思想、技术风格和本队的具体条件确定适合本队情况的战术。应贯彻“积极主动、勇猛顽强、快速灵活、全面准确”的技术风格。组织进攻战术要做到两点：一是组织快攻要体现快速、灵活的风格，并且具有本队的特点；二是组织阵地进攻要坚持“点面结合”“内外结合”“左右结合”“主攻与辅攻结合”“组织抢进攻篮板球与退守结合”，组织好战术配合的连续性、队员之间配合的协调性及队员在场上行动的统一性，充分发挥每个队员的攻击能力。

2. 组织防守战术

组织防守战术要贯彻攻势防守的原则。重视由攻势转守势的意识和速度，确定各种防守的固定队形和不固定队形，确定由攻转守时的紧逼、找人和封堵的分工、边堵边退的配合及布阵等，贯彻以集中优势兵力打歼灭战的原则。组织夹击，回防区域，积极抢、打、断和堵防、补防的结合，组织内外线防守力量和防守重点队员的分配，积极组织拼抢守篮板球，积极反攻。

3. 篮球战术配合

战术配合是两三人之间篮球协同动作组成的简单配合。

（1）进攻战术基础配合。

第一，传切配合。传切配合是两三名队员利用传球和切入组成的简单配合。传切配合的要点：①合理选择进攻位置，队形要拉开，按战术路线跑动。②持球队员运用投篮和突破等假动作吸引对手，以便及时把球传给切入的伙伴。③切入的队员要先靠近对手，然后突然快速侧身跑，摆脱对手向篮下切入，随时注意接球进攻。

第二，掩护配合。掩护配合是进攻队员选择正确的位置，运用合理的技术，以身体挡住同伴的防守队员的移动路线，给同伴创造摆脱防守、获得进攻机会的一种配合方法。掩护配合的要点：①掩护队员要站在同伴的防守队员的移动线上。②掩护配合行动要突然、快速，运用假动作造成防守队员错觉，完成掩护配合。③同伴之间必须掌握好配合动作的时间。④当防守队员交换防守时，掩护队员要运用掩护后的第二个动作突然转身切入篮下或寻找其他的进攻机会。⑤在掩护的过程中，掩护队员和同伴都要做一些进攻动作，吸引住对手，达到隐蔽掩护配合的意图。

第三，突分配合。突分配合是持球队员运用突破打乱防守部署或吸引防守，并且及时将球传给同伴，使同伴获得进攻机会的配合方法。突分配合的要点：①突破队员的动作要突然、快速。在突破过程中，既要有传球的准备，又要有投篮的准备。②突破队员在突破过程中要始终注意观察场上攻、守队员位置的变化，及时分球或投篮；场上其他进攻队员要掌握时机跑到有利的进攻位置上去接球。

第四，策应配合。策应配合是指进攻队员背对或侧对球篮接球，并以他为枢纽，与同伴相互配合而形成的里应外合的进攻方法。策应配合的要点：①正确选择策应点，迅速摆脱防守，抢占策应的位置；②策应队员接球后两脚开立，两腿弯曲，上体稍前倾，两肘微屈，两手持球于腹前，用臂和身体保护好球，要随时注意观察场上情况，以便及时将球传给有利进攻机会的同伴或自己伺机进攻；③策应队员在策应过程中，运用好跨步、转身来调整策应方向和位置，以便协助同伴摆脱防守或为自己创造进攻机会；④同队队员传球给策应队员后，要及时摆脱、接应或切向篮下进攻。

（2）防守战术的基础配合。防守战术的基础配合是两三名队员在防守中运用的协同防守配合的方法，包括挤过、穿过、交换防守、“关门”、夹击、补防等，是组成全队防守的基础。

第一，挤过配合。挤过配合是当掩护队员在进行掩护的一刹那，被掩护的防守队员主动上前，靠近自己的防守对象并随其移动，从两名进攻队员之间侧身挤过去，继续防守自己对手的配合方法。挤过配合的要点：①防守掩护的队员应及时提醒同伴注意对方掩护，自己随移动应稍向后撤，以便补防。②被掩护的防守队员要及时、主动上步贴近自己的对手。

第二，穿过配合。当防攻队员进行掩护时，防守掩护的队员主动后撤一步，让同伴（即被掩护的防守队员）及时从自己和掩护队员之间穿过去，以便继续防守自己的对手，称穿过配合。穿过配合的要点：①当对方掩护时，防守掩护的队员要主动、及时后撤一步。②被掩护的队员要快速穿过堵住的进攻路线。

第三，交换防守配合。交换防守是进行掩护或策应的两名防守队员及时交换自己防守对手的一种配合方法。交换防守配合的要点：①交换防守前，防守掩护的队员要及时地把换人的信号告诉同伴并积极堵截切入队员的路线。②被掩护的防守队员接到换人的信号后，积极堵截掩护队员向内线切入的移动路线。

第四，“关门”配合。“关门”是当进攻队员持球突破时，防守突破的队员向侧后滑步；同时，临近突破一侧的防守队员迅速向进攻队员的突破路线滑动，与防守突破的队员靠拢，像两扇门一样地关起来，堵住持球突破队员的一种配合。“关门”配合的要点：①防守突破队员要积极防守，堵住进攻队员的突破路线，临近突破一侧的防守队员及时、快速地向同伴靠拢进行“关门”，不给突破队员留有空隙。②“关门”后，突破队员一停球，协助“关门”的队员迅速回防自己的对手。

第五，夹击配合。夹击配合是两个防守队员利用有利的区域和时机封堵持球队员的传球路线，造成持球队员传球失误或违例的一种协同防守的配合方法。夹击配合的要点：①正确选择夹击的区域和时机。②夹击配合时，行动要果断、突然，两名夹击队员应充分运用身体、两臂严密固守持球队员，两人的双脚位置约成 90 度，不让其对手向场内跨步。③夹击时，避免身体接触或抢球造成的不必要犯规动作。④防守的两名队员在夹击配合过程中，其他防守队员要紧密配合，放弃远离球的进攻队员，严防近球的进攻队员接球。

第六，补防配合。当防守队员被对手突破或绕过时，临近的其他防守队员主动放弃自己的对手去补漏防守的配合方法，称补防配合。补防配合的要点：①当同伴被对方突破后，临近的防守队员要大胆放弃自己的对手，果断、突然、快速地补防；②补防时，应合理运用技术，避免犯规；③被对手突破而漏防的队员应积极追防，补防同伴的对手，注意观察对手传球路线，争取断球。

（3）快攻与防守快攻。快攻是指在由防守转入进攻时以最快的速度、最短的时间在人数上造成以多打少的优势，或者在人数相等及人数少于对方的情况下，乘对方立足未稳，果断而合理地进行攻击的一种快速进攻战术。快攻战术是全队战术的主要组成部分，是篮球比赛中得分的重要方法。在快攻训练中，必须加强快攻基础战术的练习及培养攻防转化意识、勇猛顽强的意志品质和勇于取胜的集体主义精神，不断提高快攻战术质量。

第一，发动快攻的时机。①抢到防守篮板球时发动快攻。②抢、打、断球获球时发动快攻。③掷界外球时，要想到发动快攻。④跳球获球后发动快攻。

第二，快攻战术的形式和组织结构。快攻的形式分长传快攻、短传快攻和结合运球突破快攻三种。①长传快攻是防守队员在后场获球后，立即快速地用一次或两次传球给迅速超越对手的同伴进行投篮的一种配合方法。

②短传快攻是防守队员获球后，立即以快速的短传推进和快速跑动获得投篮机会的一种配合方法。

第三，防守快攻。防守快攻是防守战术的主要组成部分。它是由进攻转入防守的刹那，快速地、有组织地制约对方的反击速度和破坏对方快攻路线的配合方法。防守快攻的要点：①提高投篮命中率，拼抢篮板球。从比赛规律看，抢篮板球发动快攻的次数最多。因此，提高投篮命中率、减少对方抢篮板球的机会最重要。即使投篮不中，也要拼抢篮板球，破坏对方在空中点拨球发动第一传。②封第一传，堵接应。当对方控制了篮板球时，离持球队员最近的队员要迅速上前封锁对手的传球路线，其他队员应判断好接应点，阻挠对方接应第一传和有组织地退守。③堵中路，卡好两边。除封第一传、堵接应外，还应组织力量堵截中路，迫使对手沿边线推进；同时，卡好两边，以防对方偷袭快攻。④提高以少防多的能力。防守快攻结束阶段若遇以少防多时，防守队员要沉着冷静，有信心，充分发挥防守的积极性，判断准确，积极移动，合理运用技术，及时补位，提高防守效果。

（4）区域联防。区域联防是防守时，每个人分工负责防守一定的区域，严密防守进入该区域的球和进攻队员，并且与同伴协同防守的集体防守战术。

区域联防要求合理地分配队员的防守区域，在分工负责防守区域的基础上，5个队员必须协同一致，积极随球移动，加强对有球一侧的防守，做到近球者紧、远球者松和有球者上、无球者补。常用的区域联防的战术队形有“2-1-2”“2-3”“3-2”“1-3”等。区域联防应根据进攻队的特点和本队的条件决定采用哪种站位队形进行防守。“2-1-2”联防是区域联防的基本形式，5个队员的位置分布较均衡，移动距离短，便于相互协作，能相对减少犯规。

（5）半场人盯人防守。半场人盯人防守是指在后场每个防守队员盯住一个进攻队员，同时协助同伴完成集体防守任务的全队防守战术。它的特点是以盯人为主，分工明确，能有效地控制对方的进攻重点。半场人盯人防守分有球一侧防守和无球一侧防守。①有球一侧防守：球在正面罚球圈顶一带时，要错位防守，以防对手接球为主。球在45度角一带时，要侧前防守。②无球一侧防守：球在圈顶和45度角一带时，无球侧防守者应回缩球，注意协防和篮下。进攻人盯人防守时有各种阵形打法，主要是由传切、掩护策应等局部配合组合而成。

4. 创新的训练方法

（1）绕三环训练。身体直立，双脚分开与肩同宽，左、右手交替触球，让篮球依次绕头部、躯干、下肢进行环绕运动，顺、逆时针进行交替练习。在环绕过程中，手交替触球时，要用手指和手腕发力拨动篮球，手掌心空出，让篮球以尽可能快的速度完成头部、躯干和下肢的环绕动作。同时，身体保持静止，不要随球的环绕摆动。到绕行下肢练习时，双腿屈膝半蹲，尽可能挺胸抬头持球并保持重心平稳，让篮球以顺时针的方向围绕膝盖进行环绕，下肢保持静止。在进行原地绕三环练习后，可以稍微加点儿难度，进行慢走绕三环。手上动作保持不变，配合上脚步的动作，每走一步，进行一次原地绕头、绕躯干、绕下肢练习。在此过程中，挺胸抬头，保持重心平稳，注意行走速度与绕球动作的结合，不要因为慢走减缓绕球速度，同时也不降低手指、手腕的拨球速率，保证篮球不要触碰身体，这对提升手指对球的感觉会有很大帮助。

（2）地面单、双手推拨训练。双手持球弯腰直线前行，用左、右手交替推拨篮球一起前进。在行进过程中，单手完成一次对篮球向内侧和外侧的“推拨”动作，再将篮球推到另一只手重复这一动作。注意每次“推拨”篮球时，同样用手腕和手指发力，触球部位仅为手指部位。这个动作比较有难度的一点在于，在“推拨”过程中，手指要一直保持对于篮球运动轨迹的控制，并且做到不因为拨球动作减缓或停止身体的前进动作，同时要保持身体直线前进。

三、乒乓球

乒乓球因声得名，是体育项目中最形象的叫法，而国际乒联一直沿用“桌上网球”的名称。它是一项富有锻炼价值的运动，特点是球小、速度快、变化多，能锻炼身体，增强体质，丰富生活，增添乐趣。乒乓球集健身性、娱乐性、竞技性、调节性等为一体，深受广大群众的喜爱，在我国被誉为“国球”。

（一）技术

1. 握拍技术

（1）直握拍法快攻型。①直握拍法：拍柄贴在虎口上，拇指的第 1 指节压住球拍左肩，食指的第 2 指节压住右肩，拇指第 1 指节和食指第 1、2 指节位于球拍前面呈钳形，两指尖距离 2 厘米，其他 3 指自然弯曲叠置于拍后。②弧圈型直握拍法：食指扣住拍柄与拇指共同形成环状，其他 3 指在拍背面自然微伸叠置于拍后。③削球型直握拍法：拇指弯曲紧贴拍柄左侧，稍用力下压，其余 4 指分开并自然伸直托住球拍的背面。

（2）横握拍法攻击型。①横握拍法：拇指自然斜伸，贴于拍面。食指自然斜伸，贴于球拍背后，用第 1 指节顶住球拍，顶点略偏上。②削攻型横握拍法：拇指在前自然弯曲贴于拍柄，食指在拍后自然斜伸贴于拍面，其他各指自然握住拍柄。

2. 站位技术

运动员为了便于回击各种不同落点和性能的球，在每次击球前，都会根据个人的打法和身体特点力求使自己处于一个相对固定的位置，保持一种相对稳定的姿势。这个相对固定的位置就叫基本站位，这种相对稳定的姿势就叫基本姿势。选择正确的基本站位和姿势，有利于迅速起动移动步法，占取合理的击球位置，充分发挥自己的技术特长。

（1）基本站位。进攻型打法一般距离球台 50 厘米左右。擅长近台进攻的选手，站位可再稍近些。擅长中远台进攻的选手，站位可稍靠后些。擅长正手侧身抢攻的选手，可站在球台偏左侧。擅长打相持球或反手实力较强的选手，可站于球台中间略偏反手的位置。削攻型打法一般距离球台100—150 厘米，多在球台中间略偏反手的位置。

基本站位指的是一个大概范围，并不是固定的一点。各种类型打法的基本站位不仅不一样，它们所指的范围大小更不相同。直拍近台快攻打法的基本站位所指范围较小，弧圈球打法就大些，而削球打法则更大。

（2）基本姿势。两脚开立，比肩稍宽，左脚稍前，右脚稍后，前脚掌内侧着地，脚后跟略提起，两膝自然微屈，重心在两脚之间，含胸收腹，身体略前倾，肩关节放松，执拍手位于身前偏右处，球拍略高于台面。另外，每个选手的基本姿势还要依其身体条件和技术特点略有变化。

（3）步法。乒乓球练习时，由于来球的落点不断变化，要正确地还击每个来球，除必须具备快速的反应和良好的身体素质外，还要靠正确、灵活的步法，及时移动身体到最佳的击球位置。常用的移动步法有单步、并步、跨步、跳步、侧身步、交叉步、结合步等。①单步移动：击球的时候，以一脚的前脚掌为轴着地，另一脚向前侧、后移动一步。在来球离身体较近、角度不大、小范围内使用。②并步移动：击球的时候，将来球异方向的脚向同方向的脚并一步，然后同方向的脚再向来球方向移一步，移动时无腾空动作，在小范围移动时应用。③跨步移动：跨步是指一只脚向不同方向跨出一大步，另一脚迅速跟上半步。常在来球急、角度大、离身体较远时使用。④跳步移动：一脚用力蹬地，使双脚离开地面，同时向左、向右或前后跳动。快攻型打法用此来侧身。⑤侧身步移动：右脚向左脚并拢落地时，左脚向左侧方调整一小步，并且向侧前方迈出一步。⑥交叉步移动：先以靠近来球的脚作为支撑脚蹬地，使远离来球的脚迅速向来球方向跨出一大步，原蹬地脚向前移动一步。一般用来对付离身体较远的球。⑦结合步移动：使用一种步法不能获得最佳击球位置时，可使用结合步来完成，移动范围比单一步法大。

3. 发球技术

发球是唯一不受对方制约的技术，是比赛中力争主动、先发制人、争取胜利的重要环节。

（1）正手平击发球。左脚在前，身体稍向右转，抛球的同时，右臂稍向后引拍，拍形稍前倾，持拍手从身体右后方向前挥拍，击球的中上部；击球后，前臂和手腕继续向左前方摆动，身体重心移至左脚。

要点：击球后的第一落点应落在球台的中区。

（2）正手发下旋与不转球。①发下旋加转球方法：左脚稍前，右脚在侧后，左手掌心托球于身体右前方；将球抛起，当球从高点下降至与网同高时，前臂加速向左前下方发力，击球中下部向底部摩擦；触球时，拍面后仰，手腕加力，切球越薄，发出的球越转。要点是用球拍的下半部偏前的部分摩擦球的中下部，触球的瞬间加强用力，做下旋的摩擦。②发不转球方法：发不转球的动作方法与发加转球动作方法基本相同，注意拍触球时，减少向后角度并稍加前推的力量。要点是用球拍的上半部去摩擦球的中下部，触球瞬间同样加速，注意体会球拍吃不住球的感觉。

4. 推挡球技术

推挡球的技术特点是站位近、动作小、击球早、球速快、变化多。推挡包括快推、加力推、反手减力推等技术。

（1）推挡。挥拍向前方偏上，加力击球的中部；击球时，肘关节加速展开以便发力。如挡直线，当球从台面弹起时，前臂向前迎球，手腕略向外展，拍稍竖起，拍面对着对方的左角，在球的上升期击球的中上部，拍形稍前倾；如挡斜线，手腕稍向内转，使拍形对着对方右角，触球中上部。

要点：随势挥拍，距离要短，快速还原。

（2）快推。击球前，判断来球，选好站位，左脚稍站前；击球时，以肩为轴，屈肘向后稍引拍，右肩下沉，触球中上部，借球的反弹力击球的上升期，前臂稍外旋，手腕外展，拍面稍前倾。

要点：肘关节应贴近身体，前臂稍前迎，拍头向斜下方。

（3）加力推。加力推的击球时间比快推稍晚一些，拍略提高一些，以肩为轴，屈肘引拍向后稍下；发力时，拍形固定，手腕不加转动，充分发挥身体向前压和伸肘关节的力量。

要点：触球时，拍前倾，身体重心稍提起，高点期击球的中上部。

（4）反手减力推。选好站位，左脚稍前；击球前，屈肘向后方偏上，以肩为轴，拍形稍前倾；在球的上升期，挥拍向前下方触球瞬间停止挥拍，以减弱发力。

要点：随势在必行挥拍动作时向后收回。

5. 攻球技术

攻球是乒乓球技术重要的组成部分，是比赛克敌制胜的重要手段。攻球包括正手快攻、正手快拉、侧身正手攻球等。

（1）正手快攻。击球前，左脚稍前，身体离台 40 厘米左右，前臂稍后引，球拍置于身体右侧后方，拍面稍前倾，手臂向左前方迎球；击球时，上臂带动前臂在球的上升期击球中上部。

要点：击球时，前臂在球的瞬间旋内，注意还原。

（2）正手快拉。快拉与快攻动作的不同之处是引拍时，身体重心稍下降，球拍略低于球，触球瞬间撞击结合摩擦球的中部，来球下旋强烈时，触球中下部，击球时间为下降前期，触球瞬间手腕有一向上摩擦球的动作。

（3）侧身正手攻球。迅速移动脚步到侧身位置，身体侧向球台，左脚稍前，上体略前倾并收腹。根据来球情况，在侧身位置用正手攻球的各种技术击球。

6. 搓球技术

搓球是近台还击下旋球的一种基本技术，其动作幅度不大，出手较快，弧线低，落点变化丰富。搓球是下旋控制技术中的基本技术，包括反手慢搓、反手快搓。

（1）反手慢搓。击球时，利用手臂前送的力量击球的下降期，触球的中下部向底部摩擦。

要点：直拍者手腕做前伸，横拍者手腕做内收。

（2）反手快搓。击球前，身体靠近球台站位，拍面稍后仰，引拍至身体左前上方；手臂向左前下方迎球击球时，前臂加速向前下方用力，击球的上升期，触球的中下部借助来球的力量回击。

要点：搓球过程中要有手腕动作，手臂要与身体协调一致。

（二）训练

运动员在比赛中根据自己和对方的具体情况，有目的、有意识地运用技术就构成乒乓球的战术。

1. 单打

（1）发球抢攻战术。反手发右侧上（下）旋球，至对方中路靠右近网处，伺机抢攻；反手发急上（下）旋球，至对方左角，配合发近网短球，伺机抢攻；正手发左侧上（下）旋球，配合发转与不转球抢攻；正手高抛发左侧上（下）旋球（长、短球）至对方左角后抢攻。

（2）推挡侧身抢攻战术。用推挡技术压住对方反手，伺机侧身抢攻。

（3）对攻战术。这是进攻型打法选手互相对垒时常用的战术，主要包括紧压对方反手结合变线、连续压中路及正手、调右压左、轻重力量变化等战术，伺机抢攻；近台打（拉）回头和远台对攻（拉）及放高球的战术，以争取由被动变主动。

（4）攻对削战术包括拉两角杀中路、拉中路攻右（左）角、拉右（左）杀左（右）、拉远台迫使对方离台远等，然后放短球，扰乱对方步法，伺机扣杀。

（5）以削为主、削中反攻战术。以旋转和落点变化迫使对方回球偏高，伺机反攻或使对方失误；以稳削变化旋转和落点为主，适当配合反攻；连续削加转球至对方左角，然后配合送不转球至对方右角；连续削对方正手，突变削对方反手，迫使对方用搓球回接，伺机反攻，削转与不转球，配合控制落点，伺机反攻；交叉削逼两角，伺机反攻。

2. 双打

为了协同作战，加强配合，双打选手在发球时可用手势相互暗示发球意图，尽量为同伴创造抢攻条件，力争主动。在接发球时，应以抢攻、抢拉为主。当发球或接发球后，可运用打一角的战术，迫使对方两人在一角匆忙换位，再突袭另一角；亦可交叉攻两角或采用长短结合的战术，打乱对方两人的基本站位、走位，从中创造进攻机会。

3. 创新的训练方法

（1）升降球网练习法。①升网法是将球网稍升高（约 1 厘米），练习既定内容。此法可增加攻球弧线的弯曲度，对攻球弧线过直的球员而言，颇有实用价值。②降网法是将球网稍下降，按既定内容进行练习。此法多在练习削球或搓球时采用，可降低击球弧线的高度。

（2）加宽球台练习法。将球台的其中一方改放一个半或两个台面，使台面加宽。此法多在练习步法时采用，可增加脚步移动的距离和速度。

（3）网上加线练习法。将球网上方另加一直线，要求双方击球皆从中间穿过（中间约为 5 厘米）。此法一般在对搓时采用，目的是控制弧线高度。

四、羽毛球

羽毛球运动是在室内外均可进行的一项小型球类活动。现代羽毛球比赛分男子单打、女子单打、男子双打、女子双打和男女混合双打 5 个单项比赛。羽毛球比赛以得分定胜负，不受时间的限制。羽毛球运动是一项深受大众喜爱的体育活动。它器材设备简单，技术要求和运动量可自我控制，充满乐趣又可强身健体，所以便于开展，男女老少都能参加。羽毛球运动又是一项竞技性很强的竞赛项目，羽毛球比赛紧张激烈，观赏性较强。在比赛中，球飞翔的快慢、轻重、高低、飘转等变化对运动员的身体素质、智力水平要求较高，运动员必须具有较好的力量、速度和耐力，而且步法要灵活、反应要敏捷、技术要全面。

（一）技术

1. 握拍

正确的握拍是各种击球动作的基础。握拍的正确与否将直接影响击球的准确性，影响技术的全面发挥和提高。握拍法有正手握拍法和反手握拍法两种。

(1) 正手握拍法。握拍时，先用左手拿住拍子的腰杆，使拍面与地面垂直，然后张开右手掌，虎口对准拍柄侧面内沿，拇指与中指接近，食指稍分开，自然放松，其他 3 指自然地握住拍柄。

(2) 反手握拍法。在正手握拍的基础上，把拍柄稍向外转，食指收回，拇指的第 2 节内侧顶贴在拍柄的内侧棱上或面上，其他 3 指放松地握住球拍，手心与拍柄之间留有一定的空隙，使手腕和手指能灵活运动。

不论用哪种握拍方法，在击球之前，都要做到松握自然，在球与球拍接触的一刹那，再紧握球拍。

2. 发球和接发球

(1) 发球。它是羽毛球击球技术中最基本的技术之一。发球技术有正手和反手两种。按照球在空中飞行的弧线可被分为高远球、平高球、平球和网前小球四种。

第一，正手发球。以发高远球为例，左肩侧对球网，左脚在前，脚尖朝前，右脚在后，脚尖稍向右侧，身体重心在右脚上。右手的上臂和前臂同时向右肩后侧上方举起，肘部微屈，左手持球举在腹部右前方；发球时，左手放球下落的同时，球拍由下而上快速挥动，拍击下落的球底。这时，球借臂力、腕力和球拍的弹力向前飞出。球被击出后，球拍随惯性往左侧上方挥动，重心由右脚移至左脚，球拍快速回复至发球前位置。

发平高球、平快球、网前球的动作要点与发高远球基本相同，不同之处在于发球人的站位、球的高度与弧度、拍面发力的方向变化、速度与落点不同。

第二，反手发球。这种发球在双打比赛中运用尤为普遍，特点是动作小、速度快和隐蔽性强，易于迷惑对方。发球人站位应靠近发球线。左、右脚在前均可。身体重心放在前脚上，上体稍前倾，右手反手握拍，拍面稍后仰，置于左腰侧，手背朝网，适当抬起，肘部弯曲。左手持球，注意击球点不应过腰，要充分利用前臂带动腕、手指向前横切推送，使球落在对方场区的前发球线附近。

不论发何种弧度的球，都要注意发球姿势和身体重心移动的一致性，使对方不易看出你要发什么球。

（2）接发球。接发球同样是羽毛球技术中最基本的技术之一。掌握好接发球技术是克敌制胜的重要环节。接发球时，站位应在本场区中间附近处，左脚在后，侧身对网，后脚跟稍提起，身体稍前倾，右手持拍在右侧身前，两眼注视对方。

3. 击球

击球是羽毛球运动的一项重要技术，只有熟练地掌握击球技术，才能积极主动地控制球速和落点，充分发挥击球的威力。击球技术依据动作特点，一般可被分为高手击球、网前击球、低手击球三种。

（1）高手击球。这种击球的特点是击球点高、速度快、变化多，具有一定的威胁性。它是羽毛球后场击球动作的基础，在比赛中运用最多，也是快攻打法的最基本技术之一。

第一，高远球。高远球可被分为正手、反手击高远球和头顶击高远球。正手击高远球是将来球击得较高较远而垂直降落在对方底线附近的球。击球前，看准来球的方向和高度，迅速调整好位置和步法，使来球在自己的右肩前上方；身体呈左脚在前、右脚在后、身体重心在后脚、侧身对网的准备姿势。开始击球时，右手举拍向后拉引，肘弯曲比肩略低，当球落到一定高度时，手臂迅速向上挥拍，手腕充分后屈，以肩为轴，上臂带动前臂快速向前甩动手腕。若拍面稍向斜前上方与球接触，则击出的球成平高球；若拍面向前方与球接触，击出的球成平球。击球后，手臂应顺惯性往右肩下方挥动，身体重心由后脚逐渐移向前脚。反手击高远球是当来球到左后场区时，右脚向左脚跨出一步，身体随着向左旋转，背对网，球拍由身体前举至左肩部位，用反手握拍击球。击球时，先抬肘关节，以上臂带动前臂向后甩腕。头顶击高远球的准备姿势同正手击高远球，不同的是击球点在左肩上方，击球时，侧身对网并后仰，球拍绕过头顶从左上方向前挥动；主要靠前臂带动手腕的快速闪动力量击出快而有力的高远球。不论击什么球，击球之前，握拍要放松自然，击球时肘关节要先行，击球点要高，动作要小，小臂与手腕闪动要快，爆发力要强。

第二，吊球。把对方击来的高球还击到对方网前区的球，叫吊球。它是组织战术配合不可缺少的重要环节，在单打战术中运用较多。吊球在后场与高球、扣球配合运用，会给对方造成很大的威胁。吊球有轻吊、劈吊两种。轻吊带有切削动作，用力较轻，球速较慢，落点离网较近。劈吊切削动作幅度比轻吊稍大些，球速快，弧度较平，落点一般都超过前发球线，带有假动作，与平高球配合运用，很容易打乱对方的战术。吊球的准备姿势与击高远球基本相同，除用力不同外，在挥动球拍时，球拍面的正面向里倾斜，形成半弧形；触球时，手腕快速“闪”动。若拍击球托的右侧向左下切削，即头顶吊对角球；若拍击球托的左侧，即反手吊球。当对方的来球弧度较高时，手腕向前推送的力量要小些，而向下切削的力量要大些；当来球弧度较平时，则手腕向前推送的力量大些，向下切削的力量应小些。不论吊什么球，击球点要高，控制好击球的力量，注意手腕的快速闪动和切削的角度，这样才能把球吊好吊准。

第三，扣杀球。把对方击过来的球用力迅速地往对方场区下压，叫扣杀球。这种球的特点是速度快、力量大、威胁性大。它既是直接得分的主要手段之一，又是组成战术配合的有效技术。扣杀球可被分为正手扣杀球、反手扣杀球和头顶扣杀球三种。正手扣杀球的准备姿势与正手击高远球基本相同，不同点在于准备击球时，身体稍向后倾，选择最高击球点。在击球的刹那，要充分伸直手臂紧握球拍，用前臂带动手腕向下猛扣。反手扣杀球的准备姿势与反手击高远球基本相同，不同处在于当来球落在左肩的前上方时，背朝网，右脚向左侧跨出一步，球拍由前举到左肩；当球拍触球的一刹那，握紧球拍，用肘关节带动前臂和手腕用力向下扣压。头顶扣杀球的准备姿势与头顶吊球基本相同，不同处在于当来球落到头顶和左肩前上方时，利用腰腹肌和身体的力量，以肘关节带动手臂和手腕由左前方的侧转动作将球用力向下扣压。

（2）网前击球。网前击球一般可被分为搓球、推球、勾球、扑球等。

第一，搓球。以正手网前为例，左脚蹬地，右脚向网前跨步呈弓箭步，侧身对网，重心在右脚上，手臂前伸，自然放松，击球点要高，出手要快，击球前握拍的腕部和手指要放松。在击球的一刹那，拍面与网成斜面，利用手腕的力量迅速地向前切削搓击球托的左下侧面，使球滚过网。

第二，推球。推球的准备姿势与网前搓球基本相同，只是在击球的一刹那，拍面几乎与网平行，向前转动腕、指，利用手腕和手指的力量向前快速“闪”动，将球击到对方的底线。正手推球多靠手腕和食指的力量，反手推球多靠手腕与拇指的力量向前推动球拍。

第三，勾球。勾球的准备姿势与网前搓球基本相同，只是在击球的一刹那，拍面向里倾斜，球拍击球托的侧面，手腕和手指同时向里钩动；当来球离网较高时，拍面可稍向下或向平行网的方向用力；如来球离网较近时，击球时拍面可稍向上方用力。

第四，扑球。扑球的准备姿势与推球基本相同，只是当对方打来的球在网前上空时，快速举拍向前，利用小臂和手腕的力量轻轻向下方“闪”动球拍，争取在较高的击球点把球向下压；当拍面触球后立即收回，以免触网犯规。

无论搓球、推球、勾球、扑球，击球点都要高，一般在网的上部，使球的落点尽可能在对方网区内。击球时，注意灵活地用手腕发力。

（3）低手击球。它是一种不可缺少的防守性技术，难度较大，若运用得当，能收到以守为攻的效果。低手击球可被分为挑球、平抽球、挡球三种。

第一，挑球。挑球的准备姿势与网前推球基本相同，不同处为击球时挥拍动作小，紧握球拍，以肘关节为轴，带动手腕和手指向前上方击球。反手挑球用反手握拍法握拍，以肘关节先行，快速挥动小臂闪动。

第二，平抽球。平抽球的准备姿势与挑球基本相同，不同处为击球时拍面与地面几乎垂直，靠前臂带动手腕向前“闪”动；当球拍触球时，拍面向前击球。

第三，挡球。半蹲姿势，身前举拍，把握好用力和方向。在击球的一刹那，紧握球拍，以手腕和手指的力量回击。挡直线时，拍面朝正前方；挡对角线时，拍面朝对角方向。若来球接近身体时，采用转身动作挡球。

4. 步法

羽毛球步法有上网步法、后退步法和两侧移动步法三种。

(1) 上网步法。其站位在球场中间。当对方击网前球时，脚跟提起轻跳，迅速调整身体重心。若以两步上网时，左脚先迈出一小步后蹬地，右脚紧接着迅速向前跨出一大步，以脚掌外侧和脚后跟落地滑步缓冲；左脚随即向前跟进，以协助右脚回蹬；上体侧身向前倾，两腿呈弓箭步，右脚尖朝外斜；击球后，以并步或小跑步返回原来位置。若以三步上网时，右脚先迈出一小步后，左脚垫上一步或从右脚后面交叉一步并随着蹬地；右脚紧接着迅速向前跨一大步，左脚同时向前跟进，以协助右脚回蹬；击球后，并步或小跑步回中心位置。不论三步、二步或一步上网，最后一步都要求右脚在前，身体重心在右脚。

(2) 后退步法。后退步法有正手、头顶交叉和反手后退三种，应根据来球的落点和速度灵活地加以运用。

第一，正手后退步。以并步后退步为例，当对方快击球至后场时，轻跳调整重心，然后右脚蹬地，快速向右后撤一小步，髋关节随着带动上身转体侧身向网，接着左脚并步靠近右脚跟，右腿再向后移至击球位置。在移动中，做好挥拍击球的准备，待来球在右肩上方下落时，正手原地或跳起击球。击球后，用并步或小跑步回中心位置。

第二，头顶交叉后退步。其准备姿势与正手后退步基本相同，不同处为第一步右脚蹬地后撤向左后方，上身随着右腿向左后方转体，上体向左后仰，左脚后退一步体后交叉，右腿再移至来球位置，能头顶击球。

第三，反手后退步。其准备姿势与正手后退步法基本相同，只是当对方来球到反手底线时，右脚并步移向左脚后跟，身体随之向左后侧转，然后右腿蹬地，左脚向左后方撤一步，背对网，右脚从左脚前向左后方跨步到击球位置，做反手击球动作。

无论采用何种后退步法，最后一步都必须是右脚在后，身体重心落在右腿上。

（二）训练

战术是根据对手的技术、打法、体力和思想意志等因素，从发挥自己的长处、弥补自己的短处出发，为争取比赛胜利而采取的各种策略。

1. 单打战术

（1）发球抢攻，即从发球的第一拍起，争取控制对方，攻杀得分。一般以发网前低球结合平快球、平高球，争取第三拍主动进攻。

（2）攻后场。对后场还击力量较差的对手，可以攻后场底线两角，乘机进攻。

（3）攻前场。对基本功差的选手，可将其引到网前，争取得分。

（4）打四方球。若对手步法较慢、体力稍差、技术不全面，可以快速准确地落点攻击对方场区的四个角落，伺机向空当进攻。

（5）杀吊上网。当对手打来后场高球时，先以杀球配合吊球把球下压，落点要选择在场区的两条边线附近，使对手被动回球。若对手还击网前球时，迅速上网搓球、勾球或平球，创造在中后场大力扣杀的机会。

（6）守中反攻。先以高远球诱使对方进攻，在对手强攻不下、疏于防守时，即可突击进攻，或者在对手体力下降、速度缓慢时，再发动进攻。

2. 双打战术

（1）发球、接发球。双打的发球往往是决定胜负的关键。发球要根据对方情况，选择好站位，注意球路、落点的变化，争取主动。因双打的发球线比单打短 76 厘米，不利于发高球，往往以发网前球为主。接发球时，如判断起动快，有较好的出手手法，常可以扑球使对方被动，或者以搓、推获得主动进攻的机会。

（2）攻人（2 打 1）。集中攻击对方有明显弱点的队员，当另一队员前来协助时，露出空隙，可攻空隙；若另一名队员放松警惕，可攻其不备。

（3）攻中路。当对方处于并排防守站位时，可攻对方两人的中间。当对方前后站位时，就可把球下压或轻推在两边线半场处。

（4）攻后场。遇到后场扣杀能力差的对手，可采用平高球、推平球、接杀挑底线的方法，把对方一人紧逼在底线两角移动。当对手被动还击时，大力扑杀。如另一对手后退支援，即可攻网前空当。

（5）后攻前封。当本方处于主动进攻前后站位时，后场队员逢高球必杀，迫使对手接杀挡网前，为本方前场队员创造封网扑杀机会。前场队员要积极封锁前场，迫使对方被动挑高球，遇挑高球不到后场，就会为本方创造得分机会。

（6）守中反攻。在防守中寻找反攻的机会，达到摆脱被动转为主动进攻的局面。待到有利时机，就运用反抽或挡网前回击对方的杀球，从守中反攻，争得主动权。

3. 创新的训练方法

多球训练是目前羽毛球的一种创新训练方法，在这一运动项目中有着较为广泛的应用。羽毛球多球训练中主要有四种形式，即一球一击、多球单练、定点击球、运动击球。

一球一击即一人连续供球而主练者连续击球，这种形式的训练方式比较多地用于初学者的动作纠正和动作定型。多球单练主要是供球者和主练者互相对击，直到这一球失误，再进行下一个球的对练。对羽毛球练习者来说，其对基础要求较高。定点击球就是供球者不断地发球到一点上，通过一个比较固定的位置来进行练习，能够有效地加强对基本技术和动作的巩固。运动击球就是供球者把球发到不同的位置，促使主练者移动击球，主要是加强速度，从而使移动击球的准确性得以提高，要求也比较高。

第三节　体操运动与训练

一、竞技体操

18 世纪以前，体操还没有形成一个独立的体系，当时的体操都是游戏、军事和竞技等活动，直到 19 世纪初期和中叶才先后形成了德国、瑞典两大体操流派，对体操的发展贡献较大，为现代竞技体操奠定了基础。

（一）自由体操（女生）

1. 单腿跪撑平衡

两手撑地同肩宽，单腿跪地，小腿与大腿呈直角，大腿与身体呈直角，抬头挺胸，另一腿伸直，尽量后上举。

保护与帮助：保护者跪在练习者侧面，一手握其上臂，另一手托腿部帮助其保持平衡。

2. 肩肘倒立

从直角坐开始，上体后倒同时收腹举腿向后滚动，两手压地；接着在向上伸髋的同时，屈肘内夹，双手虎口向上撑于腰背部两侧，使身体呈肘、头和双肩支撑的倒立。

保护与帮助：保护者站在练习者的侧方，双手握住练习者的腿上提。必要时，可用膝盖顶住其臀部，使充分伸直。

3. 单肩后滚翻成单腿跪撑平衡

从直角坐开始，左臂屈肘，掌心向上，手指向后置于左肩上，右臂侧平举，头向左倾；收腹向后滚动，当滚动至右肩时，右腿后伸着地，左腿后上举；推左手，右手收至体前呈右腿跪地、左腿向上举的跪平衡。

保护与帮助：保护者立于练习者侧方，滚动至右肩时，一手轻托练习者左膝部，助其推撑。

4. 前滚翻

蹲立，双手体前撑地，两腿蹬伸同时低头、提臀，使头部置于两手之间，以颈部抵紧地面，然后颈、背、腰、臀依次滚动着地。当背部着地时，两臂前挥紧抱小腿，低头、收胸、快速向大腿收靠至蹲立。

保护与帮助：保护者跪于练习者侧方，推背帮助起立。

5. 跪跳起

两臂前平举，展腹跪立。两臂后摆同时收腹下坐，两臂向前上方迅速挥动，同时展髋、提腰，足背与小腿弹压地面，身体向上腾起后，快速收腹收腿，呈两臂前平举的蹲立。

保护与帮助：保护者立于练习者侧方，当其两臂摆至前上方时，以手托其上臂，助其收腹收腿。

6. 创新的训练方法

（1）减难法。减难法在辅助练习中主要是指以低于专项要求的动作完成难度进行训练的方法，通常需要搭配使用保护帮助法或使用辅助器械、变形器械等进行练习的方法。例如，运动员在初学团身后空翻这个动作时，由于其自身能力和熟练性都不具备在一开始学习该动作时就能够立刻在自由操板上独立完成，所以需要采用减难法对团身后空翻设计相关的辅助练习。教练员可以通过保护帮助法让运动员进行该动作的完整练习，还可通过由高至低（平地至海绵坑或从小盒子垫至平地）的降低动作完成难度的方式及采用蹦床等辅助器械帮助运动员完成和掌握完整的动作。这有助于帮助运动员建立自信心，帮助运动员在能力有所欠缺的情况下完成该动作。

（2）加难法。加难法在辅助练习中主要是指以高于专项要求的动作完成难度进行训练的方法，通常搭配采用的方法有保护帮助法和完整法或分解法等，常用的辅助器械主要是沙袋或高包等。例如，运动员在学会跳马项目的助跑前手翻后，由于需要进一步发展前手翻接团身前空翻等动作，所以在学会前手翻以后，教练员会安排前手翻站高垫或趴高垫等辅助练习，这就是在前手翻的基础之上运用加难法设计的辅助练习。

（二）双杠

1. 分腿骑坐前进

从分腿坐开始，两手推杠，两腿压夹杠，身体挺直立起提高重心。上体前倒，两手体前撑杠（稍远些），同时紧腰，腿压杠弹起后摆进杠。并腿前摆，腿超过杠面后，迅速向两侧分开以大腿后内侧触杠并顺势后滑成分腿坐。

保护与帮助：保护者站在杠外练习者侧前方，待其前进手撑杠时，一手握其上臂稳固支撑，另一手托大腿助其腾起进杠；当其前摆时，顺势托其背腰以助前摆。初学者可两人保护。

2. 支撑摆动

支撑摆动是双杠摆动动作中重要的基本技术之一。摆动时，应直臂撑，顶肩，以肩为轴，肩部尽可能保持在支撑点（握点）的垂直部位。支撑摆动可被分为前摆和后摆：前摆是从身体后的最高点（极点）开始的；后摆是从前摆的最高点开始的。

（1）前摆动作要点：身体由后上方向下摆时，脚远伸，保护直体自然下摆。身体摆至握点垂直部位前，应挺开腹部伸开腕。当摆过杠下垂直时，稍屈髋，向前上方做踢腿动作以加速前摆，同时两臂向后下用力、顶肩；身体上摆接近极点时，将髋腿向前上远送，拉开肩角，达到最高点（极点）。

（2）后摆动作要点：由前摆到最高点时，直体自然下摆，摆至握点垂直部位前，应稍微屈髋，摆过握点垂线后，向后上甩腿动作以加速后摆，同时稍含胸、紧腰、顶肩。当身体后上摆接近极点时，应充分挺直，脚远伸，达到极点。

保护与帮助：保护者站在杠侧，一手握练习者的上臂以稳固支撑，另一手在前摆时托腰背，后摆时托腹或大腿，助其摆动。

3. 支撑前摆成外侧坐

支撑前摆两腿越右杠，重心右移成外侧坐。

保护与帮助：保护者站在近端外侧，一手握练习者的上臂帮助支撑，另一手托其腰部，帮助其完成外侧坐。

4. 外侧坐向前跳下

从外侧坐开始，左手体前撑杠（稍远些），右臂侧举，上体前倒重心前移，肩主握点上稍前倾，同时左腿用力压杠，右腿后摆，左臂用力顶撑，使身体腾起，两腿迅速并拢，挺身跳下。

保护与帮助：帮助者站在练习者落地的同侧，一手握其右上臂，另一手待其腿后摆时，顺势托大腿，帮助腾起展体落地。

5. 支撑前摆下

从支撑前摆开始，当身体向前摆过杠下垂直部位后，稍屈髋，加速向前上摆动；腿摆过杠面后，身体重心稍右移，两腿主动向右外移。当上摆脚至肩平时，立即制动腿并做下压动作，同时两臂用力推顶杠，急振上体，使身体腾起，先脱右手至侧举，左手换握右杠，挺身下。

保护与帮助：保护者站在练习者落地的同侧，右手握其上臂，以稳固支撑，左手托其背部，帮助外移重心，保护落地。

6. 分腿坐前滚翻成分腿坐

从分腿骑坐开始，两手体前靠近大腿处握杠，肘稍内夹，含胸低头，收腹提腰，使重心前上升。体前屈，肩触杠时两肘外张，用两臂控制重心继续前移，两腿并拢。当重心向前稍过肩垂直部位时，两手迅速向前换握杠。臀部接近杠水平时，两腿分开下压，两臂推杠，上体前跟成分腿坐。

保护与帮助：保护者站在杠侧，一手托练习者的膝上部，帮助提高重心，另一手杠下顶肩，以防落下。前滚换握时，两手在杠下托其背和腰部，以防背部下降，帮助前滚成分腿坐。

7. 分腿坐慢起肩倒立

从分腿坐开始，两手在靠近大腿处撑杠，上体前屈，屈臂用力，肘稍内夹，梗颈含胸，收腹提腰使臀部上升。当肩触杠时，两肘外张，用三角肌压杠，两手虎口稍外旋，身体重心落在两手、两肩的支撑面内，两腿从两侧上举并拢、立腰、伸髋呈肩倒立姿势。

保护与帮助：保护者站在杠侧，一手在杠下托练习者肩防止下落，另一手托其大腿帮助提高重心，保持平衡。初学者可两人保护，另一人站在杠中，当臀上升肩要触杠时，掐其腰部，防止前倒。

8. 女生成套动作

杠端站立—跳上支撑前摆成分腿坐—分腿骑坐前进一次—两手体前换握—两腿向杠内摆越—支撑前摆成外侧坐—外侧坐向前跳下。

9. 男生成套动作

杠端站立—跳上支撑前摆成分腿坐—分腿坐慢起成肩倒立—前滚翻成分腿坐—分腿骑坐前进一次—两手体前换握，两腿向杠内摆越—支撑前摆下。

10. 创新的训练方法

（1）分解辅助法。分解辅助法大多采用单个动作的前半个动作、后半个动作与完整动作相结合的练习方法。例如，双杠倒立支撑摆动技术，在完整的支撑摆动中，最关键、最难掌握的技术是从倒立开始的下摆，所以在练习中应该将动作分解进行练习。首先，教练员或帮助者帮助练习者在双杠上倒立，以体会杠上倒立的肌肉用力的大小；其次，在无人帮助下，练习者进行小支撑摆动的肌肉用力大小、节奏等感觉的辅助练习，待各种辅助练习成熟后才可进行完整的大幅度练习。

（2）直观法。通过示范、图解、模型、录像等视觉分析将动作过程采用完整、分解、重点、比较的示范方法进行肌肉用力感觉的练习。完整示范是对单个动作、联合动作和成套动作的各种肌肉用力感觉进行指导，使练习者理解并掌握。分解示范要先从视觉上对练习者将要做的动作进行分析，以促进对肌肉用力方法的理解。重点和对比示范是对动作的重点部位和出现错误的地方进行正误对比，帮助练习者掌握肌肉用力感觉。图解、模型、录像可使练习者了解自己肌肉用力出现问题的地方和重点用力所在。

（三）支撑跳跃

1.“山羊”分腿腾越

“山羊”高100—110厘米（女生）。助跑上板，有力踏跳，跳起后含胸，上体稍前倾和稍屈髋，向前上方腾越。两臂主动前伸撑“山羊”，同时紧腰固定髋关节。手撑器械时，在肩未过支撑点垂面之前，两臂迅速向前下方猛力顶肩推手，同时两腿侧分前摆，接着迅速制动腿，上体抬起，挺身落地。

保护与帮助：保护者站在练习者落地点一侧，一手扶腹，另一手扶背。保护者正面两脚前后开立，手握练习者两上臂（顶肩），顺势上提，同时前腿随练习者落地而后退。

2.横箱分腿腾越

箱高110—115厘米（男生），基本同“山羊”分腿腾越，但分腿应稍大些。

保护与帮助：同“山羊”分腿腾越。

3.创新的训练方法

（1）渐进法。渐进法是指训练方法与手段进行创新时，教练员对原来已有的训练方法和手段一点一点地进行改进，最后成为一种新的、科学的方法。这种方法是在新的运动训练理论和方法的提示下，经过多种训练方法和手段的改进，变为一种新的、更为实用的方法和手段。在支撑跳跃专项助跑训练方法中，从刚开始的仅用一般训练方法到与技术动作的结合，最后到与成套动作的结合，既增加运动员的专项机动性，又提高了成套动作的熟练性和成功率。

（2）移植法。移植法是支撑跳跃中应用到训练实践而起到良好作用的创新方法。例如，心理训练法、监控训练法都是从心理学、技术科学中移植过来的，它们的应用都对支撑跳跃训练水平的提高发挥了较大作用。

二、健美操

健美操是在音乐的伴奏下，融体操、舞蹈、美学为一体，以有氧运动为基础，以健、力、美为特征的一项新兴体育运动。健美操的动作具有内容丰富、变化多样、新颖独特的特点。各种动作充分展现了刚劲有力、动感、韵律、协调、优美等健美气氛。经常从事健美操的练习，不仅能使人体健美，而且能培养人的协调性、灵活性和乐感，同时还可以使人心情舒畅、情绪饱满、富有活力，从而达到健身健体、陶冶心灵的目的。

（一）手型

健美操手型主要有掌和拳两种。掌包括分掌、合掌。分掌，即五指用力分开，手腕保持一定的紧张程度。合掌，即五指并拢伸直。拳，即五指弯曲紧握，大拇指压在食指弯曲部位。

（二）站立

1. 立

直立：头颈、躯干和脚的纵轴保持在一条直线上。

点立：一腿直立（重心在站立脚上），另一腿向各方向伸直，脚尖点地；包括前点立、侧点立、后点立。

站立时，头正直，上体保持挺直、沉肩、挺胸、收腹、收臀、立腰、立背、直膝。提踵立时，两腿内侧肌群用力收紧，起踵越高越好。

2. 弓步

弓步指一腿向某方向迈出一步，膝关节弯曲呈 90 度左右，膝部与脚尖垂直，另一腿伸直；包括左、右腿的前、侧、后弓步。弓步时，前弓步和侧弓步的重心在两腿之间，后弓步的重心在后腿。

3. 跪立

跪立指大腿与小腿呈直角的跪姿；包括双腿跪立、单腿跪立。

（三）身体各部位的基本动作

1. 头、颈部动作

屈：头颈关节的弯曲；包括向前、后、左、右的屈。

转：头颈部绕身体垂直轴的转动；包括向左、右的转。

绕和绕环：头以颈为轴心的弧形和圆形运动；包括左、右绕和左、右绕环。

做各种形式的头颈动作时，上体保持正直，速度要慢，头颈移动的方向要准确，颈部被动肌群充分伸展。

2. 肩部动作

提肩：肩胛骨做向上的运动；包括单肩、双肩的同时提和依次提。提肩时尽力向上，沉肩时尽力向下，动作幅度大而有力。

沉肩：肩胛骨做向下的运动；包括单肩、双肩的同时沉和依次沉。

绕肩：以肩关节为轴做小于 360 度的弧形运动；包括单肩向前、后绕，双肩同时或依次向前、后绕。绕肩时，上体不能摆动，两臂放松，头颈不能前探；动作连贯，速度均匀，幅度大。

肩绕环：以肩关节为轴做 360 度及 360 度以上的圆形运动；包括单肩向前、后绕环，双肩同时或依次向前、后绕环。

振肩：固定上体，肩急速向前或向后的摆动；包括双肩同时前、后振和依次前、后振。振肩动作要有速度、力度和弹性。

3. 上肢（手臂）动作

举：以肩为轴，臂的活动范围不超过 180 度而停止在某一部位的动作；包括单臂和双臂的前、后、侧及不同中间方向的举（如前上举、侧上举等）。

屈：肘关节产生了一定的弯曲角度；包括头上屈、头后屈、肩侧屈、肩上侧屈、肩下侧屈、肩上前屈、胸前屈、胸前平屈、腰间屈、背后屈。

绕：双臂或单臂向内、外、前、后做 180 度以上、360 度以下的弧形运动。

绕环：以肩关节为轴，双臂或单臂做向前、向后、向内的绕环。

摆：以肩关节带动手臂来完成臂的摆动动作；包括单臂和双臂同时或依次向前、后、左、右的摆。

振：以肩为轴，手臂用力摆至最大幅度；包括上举后振、下举后振、侧举后振。

旋：以肩或肘为轴，做臂的旋内或旋外动作。

4. 胸部动作

含胸：两肩内合，缩小胸腔。

展胸：两肩外展，扩大胸腔。

移胸：髋部固定，做胸左、右的水平移动。

练习时，收腹、立腰。含、展、移胸要达到最大极限。

5. 腰部动作

屈：下肢固定，上肢沿矢状轴和水平轴的运动；包括前、后、左、右的屈。

绕和绕环：下肢固定，上体沿垂直轴做弧形和圆形运动；包括左、右绕和绕环。

练习时，身体远端尽力向外延伸，绕环幅度要大而连贯，速度放慢。

6. 髋部动作

顶髋：髋关节做急速的水平移动；包括前、后、左、右顶髋。

提髋：髋关节做急速向一侧上提的动作；包括左、右提髋。

摆髋：髋关节做钟摆式的连续移动动作；包括左、右侧摆和前、后摆。

绕髋和髋绕环：髋关节做弧形、圆形移动；包括向左、右的绕和绕环。

髋关节做顶、提、绕和绕环时，应平稳、柔和、协调，稍带弹性，上体要放松。

7. 下肢动作

滚动步：两脚同时交替做由前脚尖至全脚掌依次落地动作。

交叉步：一脚向另一脚前或后交叉行进。

跑跳步：两脚交替进行，跑后支撑阶段有一次跳的过程。

并腿跳：双腿并拢，直膝或屈膝跳。

侧摆腿跳：单腿跳起，同时另一腿向外侧摆动。

（四）创新的训练方法

1. 瑜伽训练法

瑜伽是通过身体、动作、思想和呼吸相互联系，产生一种平衡、放松、和谐的感觉。瑜伽比较侧重于力量、柔韧性、耐力的培养锻炼，尤其是力量和耐力，同时注重呼吸的配合，体式之间的衔接给人一气呵成之感。瑜伽对竞技健美操运动员力量、柔韧性、平衡性的训练具有显著的效果。瑜伽中的很多姿势使肌肉、韧带产生张力，同时肌肉等长收缩，深度拉长肌肉，让肌肉根富有活力不易变硬，提高练习者的兴趣。瑜伽的放松术有安神的功效，能在最短时间内消除疲劳，消除由于平时专业训练带来的焦虑，消除郁闷和紧张，减轻生活和训练带来的各种压力，使人心态平和。瑜伽通过体位法的串联，结合呼吸与冥想的运用，修复身心疲劳，有利于提高平时专业训练的效果。

2. 表象训练法

在健美操教学过程中，运动员进行表象训练，在回放动作和默念要领的过程中，能产生“身临其境”的感觉，其大脑较快地建立精确的抑制过程，使运动员对动作的控制能力加强，做动作也变得较为流畅、准确，增强了学习效果，提高了运动员的学习效率，缩短了运动技能形成的泛化阶段，使运动员能较快掌握动作，形成了初步的动力定型，提前进入运动技能形成的分化阶段。

通过表象训练，可以扩大运动员的注意范围，使视觉作用减弱并加强了动觉控制作用，运动员可以对练习中所出现的不准确或变形动作进行自觉地调整和纠正，达到较好的学习效果。

参考文献

［1］卞义诚．探究体育教学实践中的训练理论与训练方法［J］．当代体育科技，2021（4）：54-56.

［2］曹垚．现代体育教学理论与实践训练探索［M］．长春：吉林人民出版社，2020.

［3］陈建．创新教育理念下体育教学方法理论与实践研究［J］．知识经济，2021，581（17）：135-136.

［4］冯坤野．体育教学的信息化教学理论与实践研究［M］．北京：中国水利水电出版社，2018.

［5］高家良，郝子平．体育教学理论与实践创新研究［M］．西安：西北工业大学出版社，2020.

［6］高勇．高校体育专业理论与实践一体化教学模式探究［J］．佳木斯职业学院学报，2020，36（2）：109-110.

［7］黄晓波．新时代背景下体育教学与训练的理论和实践探索［J］．当代体育科技，2021，11（19）：251-253.

［8］吉丽娜，李磊．高校体育教学与训练理论实践探究［M］．北京：地质出版社，2017.

［9］黎进．创新教育理念下体育教学方法理论与实践研究［J］．拳击与格斗，2021（16）：41.

［10］李宏印．体育教育教学理论与实践［M］．西安：西安地图出版社，2006.

［11］刘海军，刘刚，裴钢辉．基于素质教育导向的高校体育教学方法、模式改革理论与实践［M］．北京：中国纺织出版社，2019.

[12] 吕高飞．大学体育教育理论与实践：基于体育与健康课程理念下的教学改革与思想［M］．太原：山西人民出版社，2009.

[13] 毛永革．大学体育“双课堂”教学模式理论探索与实践研究［J］．高教学刊，2021，7（36）：101-105.

[14] 上官福忠．普通高校体育教学改革的理论与实践研究［J］．当代体育科技，2020，10（14）：177-178，180.

[15] 舒康．加强大学生体育理论教学与实践能力的培养——评《大学体育理论与实践》［J］．林产工业，2020（8）：113.

[16] 蒋新国．体育教学原则新论［M］．广州：暨南大学出版社，2010.

[17] 彭光学．体育教学理论与发展探究［M］．长春：吉林大学出版社，2013.

[18] 安丽娜，李亚华，胡旭忠．现代体育教学管理研究［M］．北京：中国时代经济出版社，2013.

[19] 刘军．对体育教学设计现状分析及策略研究［J］．体育教学，2011，31（1）：13-15.

[20] 蔡先锋．现代体育教学与科学化管理［M］．北京：中国书籍出版社，2014.

[21] 夏志琴．我国高校体育教学内容改革的探讨［J］．内江科技，2012，33（2）：67，73.

[22] 刘浩源．新时期高校继续教育创新发展研究［M］．北京：北京工业大学出版社，2019.

[23] 李薛，韩剑云，孙静．现代教育技术革新下高校体育教学研究［M］．北京：中国纺织出版社，2019.

[24] 畅宏民．我国高校体育拓展训练的教学体系构建与模式创新研究［M］．沈阳：东北大学出版社，2018.

[25] 黄锦瑞．我国高校体育教学的改革与优化探讨［J］．智库时代，

2020（47）：69.

［26］周若夫，吴铁铮．浅谈对普通高校武术教学内容和方法的改革探讨［J］．当代体育科技，2020（05）：151，153.

［27］魏婷婷．我国高校体育教学改革的现状与对策研究［J］．当代体育科技，2017，7（23）：122，124.

［28］杨锋，杨正豪．基于人性化视野下的普通高校体育教学改革探讨［J］．文体用品与科技，2018（23）：174-175.